Fritz Baltruweit | Jürgen Schönwitz
Cartoons von Steffen Butz

Engel, Stern
und Weise

Geistliche Volkslieder zur Weihnachtszeit
aus acht Jahrhunderten

Bibliografische Information der Deutschen Nationalbibliothek

Die Deutsche Nationalbibliothek verzeichnet diese Publikation in der Deutschen Nationalbibliografie; detaillierte bibliografische Daten sind im Internet über http://www.d-nb.de abrufbar.

Umschlaggestaltung, Satz: Sybille Felchow, she-medien.de, Hannover
Druck und Bindung: AK-Druck & Medien GmbH

ISBN 978-3-7859-1195-2

Fritz Baltruweit | Jürgen Schönwitz

Cartoons von Steffen Butz

Engel, Stern und Weise

Geistliche Volkslieder zur Weihnachtszeit

aus acht Jahrhunderten

LVH

Inhalt

Die Lieder

Nachlese

*EG = Evangelisches Gesangbuch /
GL = das katholische Gesangbuch „Gotteslob"

Diese Lieder finden Sie auf der CD.

Ach bittrer Winter,

wie bist du kalt

Die Lieder

Auftakt

Am Anfang steht ein altes Winterlied. Es beschreibt, wie die Natur ihre Farbe verliert: Kein Grün. Keine bunten Blumen mehr. Es herrscht die Kälte. Und das Dunkel. Und die Sehnsucht nach neuem Leben, nach Licht wird immer größer.
In diese Situation hinein wird das Weihnachtsfest „gepflanzt". Das einzige christliche Fest, das in unserer Kultur so richtig „Wurzeln geschlagen" hat. Mit der Botschaft vom Licht im Dunkel, vom Aufblühen des Lebens – dadurch, dass ein Kind geboren wird. Gott wird Mensch, mitten unter uns. Er eröffnet uns einen herrlichen Horizont: die Welt des Friedens und der Gerechtigkeit – verkündet von den himmlischen Heerscharen, den Engeln. Diese Nachricht ist befreiend. Sie will förmlich in die Welt hinaus gesungen werden.
Es beginnt schon mit der Adventszeit: Die erste Kerze brennt am Adventskranz. Vier Adventssonntage führen uns auf Weihnachten hin. Mit eigenen Traditionen und Liedern. Ein Bogen entsteht – bis zum Epiphaniasfest am 6. Januar: Ein Lichterfest steht am Schluss. Die Finsternis vergeht – und das wahre Licht scheint. Auch wieder mit eigenen Liedern vom Stern und den Weisen. Die Advents- und Weihnachtszeit ist eine Zeit des Singens. Und oft begleiten uns ganz alte, manchmal auch neue Volkslieder, die etwas von diesem Geschehen beschreiben. Von ihnen wollen wir in diesem Buch sagen und singen.
Am Anfang steht ein Winterlied. „Ach bittrer Winter" steht in diesem Buch für alle Winterlieder, die die kalte Jahreszeit beschreiben und nicht ausdrücklich vom christlichen Geschehen dieser Zeit erzählen. Aber wie viele andere beschreibt auch dieses wunderschöne Volkslied aus dem 16. Jahrhundert die Sehnsucht nach Licht. Es bietet sozusagen die Vorlage für alle weiteren Lieder dieses Buches.

"Nächstes Weihnachten fahren wir nach Ägypten!"

1

Ach bittrer Winter, wie bist du kalt

Ach bittrer Winter, wie bist du kalt!
Du hast entlaubet den grünen Wald.
Du hast verblüht die Blümlein auf der Heiden.

Die bunten Blümlein sind worden fahl.
Entflogen ist uns Frau Nachtigall.
Sie ist entflogen, wird sie wieder singen?

Du hältst gefangen des Lichtes Schein
und lässt die Tage dunkel uns sein.
Lass doch die goldne Sonne wieder leuchten!

**Text und Melodie „Der saure Winter ist so kalt" –
gefunden in Pater Johannes Werlins Liederhandschrift,
Kloster Seeon am Chiemsee (1646) –
3. Strophe: Johannes Theissing**

Es kommt ein Schiff geladen

Der Fluss ist weit. Ich kann kaum bis zum anderen Ufer sehen. Im dichten Nebel erscheint alles noch unwirklicher. Da zeichnet sich in der Ferne eine Silhouette in das Nebelgrau. Ein Schiff. Es kommt näher – ich versuche es genauer zu erkennen. Noch kommt es mir wie ein Geisterschiff vor. Wie ein Schiff aus einer anderen Welt.

Von alters her ist das Schiff Sinnbild für die Begegnung zweier Welten: für die Begegnung von Meer und Land, von Himmel und Erde, von Gott und Mensch.[1]

„Es kommt ein Schiff geladen" ist ein wundersames geheimnisvolles Lied: Durch ein Schiff kommt Gottes Sohn in das Heute der Menschen, die das Lied singen.

Es gehört zu den ältesten Gesängen in deutscher Sprache und wird mit dem Dominikanermönch und Mystiker Johannes Tauler in Verbindung gebracht. Der wurde um 1300 in Straßburg geboren – und starb auch dort im Alter von 50 Jahren.[2]

Im Laufe der Jahrhunderte hat sich das Lied immer wieder verändert – besonders der Text. Zum Beispiel gab es eine Strophe:

Und wer das Kind will küssen
auf seinen roten Mund,
der empfängt große Lüste
von ihm zur selben Stund.

Doch der Text wurde gründlich verändert: Es ist nicht mehr so, dass Gott voller Liebe auf uns Menschen zukommt – und wir uns mit unserer Seele zu Gott aufmachen mit all unseren Sinnen, unserer Liebe. Nein: Jetzt muss die ganze Leidensgeschichte Jesu inklusive Auferstehung durch den Menschen erfahren werden, der das Lied singt – ehe er das Kind „mit Freuden umfangen und küssen" darf.

Das Lied, das wie das Schiff aus tiefem Nebel auftaucht und dann durch das Näherkommen bei allen offenen Fragen doch etwas deutlicher zu fassen ist, wird das Geheimnisvolle nie verlieren. Und das ist auch gut so.

Die Begegnung zweier Welten, für die das Schiff Sinnbild ist, kennzeichnet auch die Melodie, die erst wie eine „Wellenbewegung" daherkommt und dann in ein ruhiges Schreiten übergeht. Es ist ein Tanz zweier Welten.

2

Es kommt ein Schiff geladen

1. Es kommt ein Schiff, geladen
bis an sein' höchsten Bord,
trägt Gottes Sohn voll Gnaden,
des Vaters ewigs Wort.

2. Das Schiff geht still im Triebe,
es trägt ein teure Last;
das Segel ist die Liebe,
der Heilig Geist der Mast.

3. Der Anker haft' auf Erden,
da ist das Schiff am Land.
Das Wort will Fleisch uns werden,
der Sohn ist uns gesandt.

4. Zu Bethlehem geboren
im Stall ein Kindelein,
gibt sich für uns verloren;
gelobet muss es sein.

5. Und wer dies Kind mit Freuden
umfangen, küssen will,
muss vorher mit ihm leiden
groß Pein und Marter viel,

6. danach mit ihm auch sterben
und geistlich auferstehn,
das ewig Leben erben,
wie an ihm ist geschehn.

Text: unbekannt
Melodie: Volkslied

Eine ganz alte Version des Liedes:

Es kumt ein schiff geladen
recht uff sin höchstes bort,
es bringt uns den sune des vatters,
das ewig wore wort.

Uff einem stillen wage
kumpt uns das schiffelin.
Es bringt uns riche gabe,
die heren königin.

Maria, du edler rose,
aller saelden ain zwi,
du schöner zitenlose,
mach uns von sünden fri.

Das schifflin das gat stille
und bringt uns richen last.
Der segel ist die minne,
der hailig gaist der mast.

In dulci jubilo

Er liegt in seinem Bett, von Krankheit gezeichnet. Und beginnt zu träumen – von Engeln, die um sein Bett stehen. Sie wollen ihm in seinem Leiden eine Freude machen – und beginnen zu tanzen. Aus dem Tanz heraus beginnt ein himmlischer Spielmann ein Lied zu singen: In dulci jubilo. Alle singen mit. Es ist atemberaubend schön – und die Leiden sind weit weit weg.

Durch diesen Bericht – erlebt und aufgeschrieben vom Dominikanermönch Heinrich Seuse in der ersten Hälfte des 14. Jahrhunderts – wissen wir: Das Lied „In dulci jubilo" ist noch älter als der Traum.[3] Es wird als „Fenster zur Ewigkeit" bekannt.[4] Und noch etwas wissen wir durch seinen Bericht: Hier geht es um ein Tanzlied[5], das himmlisch von der Geschichte erzählt, die damals im Stall von Bethlehem geschehen ist.

„In dulci jubilo" stammt aus einer Zeit, in der die Lieder noch nicht (komplett) auf Deutsch geschrieben wurden: Die lateinische Sprache mischt sich mit der Sprache des Volkes.[6]

Das Lied, das auch Martin Luther kannte, bearbeitete und in seine Gesangbücher aufnahm[7], jubelt voller Freude über die „gute Mär": Eia, wär'n wir da.

Seit 1646 gibt es – gut protestantisch – zu dem Lied auch einen „reindeutschen" Text. Die Menschen sollen ja verstehen, was sie singen. Dafür sorgten zwei Hannoveraner: Der Oberhofprediger und Generalsuperintendent Justus Gesenius und der Konsistorialrat David Denicke. Sie veröffentlichten diese Neufassung des Liedes in einem Gesangbuch, das zunächst für die Privatandacht gedacht war. Ihnen verdanken wir den Text im Evangelischen Gesangbuch.

3

In dulci jubilo / Nun singet und seid froh

In dulci jubilo
nun singet und sei froh:
Unsers Herzens Wonne
liegt in praesepio
und leuchtet wie die Sonne
matris in gremio.
Alpha es et O.

O Jesu parvule,
nach dir ist mir so weh.
Tröst mir mein Gemüte,
o puer optime.
Durch alle deine Güte,
o princeps gloriae,
trahe me post te!

Ubi sunt gaudia?
Nirgend mehr denn da,
da die Engel singen
nova cantica,
und die Schellen klingen
in regis curia.
Eia, wär'n wir da!

Mit süßem Jubel:
Nun singet uns seid froh:
Unsers Herzens Wonne
liegt in der Krippe
und leuchtet wie die Sonne
im Schoß der Mutter.
Du bist der Anfang und das Ende.

O Jesus, kleines Kind,
nach dir ist mir so weh.
Tröst mir mein Gemüte,
o bester Knabe.
Durch alle deine Güte,
o Fürst der Herrlichkeit,
zieh mich hin zu dir.

Wo sind die Freuden?
Nirgend mehr denn da,
da die Engel singen
neue Lieder,
und die Schellen klingen
am Hof des Königs.
Eia, wär'n wir da!

Zu dem Lied gehörte auch einmal eine Marienstrophe:

Mater et filia
ist iuncfraw Maria.
Wir woren all vertorben
per nostra crimina,
hettest du uns nicht erworben
coelorum gaudia.
Quanta gratia! Quanta gratia!

Mutter und Tochter
ist die Jungfrau Maria.
Wir waren alle verdorben
durch unsere Sünden.
Doch du hast uns erworben
die Freuden der Himmel.
Wie viel Gnade!

Martin Luther schrieb diese Strophe um – und fast genauso finden wir sie heute auch im Gotteslob:[8]

O patris charitas
O nati lenitas!
Wir weren all verloren
per nostra crimina.
So hat er uns erworben
coelorum gaudia.
Eya, wer wir da.

O Güte des Vaters,
o Milde des Sohnes
Wir waren alle verloren
durch unsere Sünden.
So hat er uns erworben
die Freuden der Himmel.
Eia, wär'n wir da.

Im Evangelischen Gesangbuch
finden wir das Lied so:

1. Nun singet und seid froh,
jauchzt alle und sagt so:
Unsers Herzens Wonne
liegt in der Krippen bloß
und leucht' doch wie die Sonne
in seiner Mutter Schoß.
Du bist A und O,
du bist A und O.

2. Sohn Gottes in der Höh,
nach dir ist mir so weh.
Tröst mir mein Gemüte,
o Kindlein zart und rein,
durch alle deine Güte,
o liebstes Jesulein.
Zieh mich hin zu dir,
zieh mich hin zu dir.

3. Groß ist des Vaters Huld,
der Sohn tilgt unsre Schuld.
Wir warn all verdorben
durch Sünd und Eitelkeit,
so hat er uns erworben
die ewig Himmelsfreud.
O welch große Gnad,
o welch große Gnad!

4. Wo ist der Freuden Ort?
Nirgends mehr denn dort,
da die Engel singen
mit den Heilgen all
und die Psalmen klingen
im hohen Himmelssaal.
Eia, wärn wir da,
eia, wärn wir da!

Text: Hannover (1646) nach dem lateinisch-deutschen »In dulci jubilo« (spätestens) aus dem 14. Jahrhundert und Leipzig (1545, Strophe 3)

Melodie: (spätestens) aus dem 14. Jahrhundert, Wittenberg (1529)

Joseph, lieber Joseph mein

Ein Krippenspiel – wie in jedem Jahr. Alle Mitspielerinnen und Musiker sind aufgeregt: Wie wird es diesmal werden? Wird es wieder Weihnachten, wenn wir die Geschichte den Menschen nahe bringen? –
Diese Frage war genauso schon immer da. Auch in dem Krippenspiel, um das es hier geht. Das fand vor gut 600 Jahren statt. Dort erklingt das Lied zum ersten Mal: „Joseph, lieber Joseph mein, hilf mir wiegen das Kindelein". Ein Lied, das Maria und Joseph an der Krippe einander zusingen. Dazu wiegen sie das Kind im Arm.

Maria wird im Mittelalter – und bis heute im katholischen Raum – als ganz besondere Frau beschrieben: die reine Magd, die den himmlischen König geboren hat. Jungfrau. Gottesmutter. Eine heilige Person.
Im Koran wird sie als jungfräuliche Mutter Jesu erwähnt. Und auch für Protestanten ist Maria eine Person, die Gottes Gnade in einzigartiger Weise empfangen und in sich spüren durfte. Für Martin Luther galt sie als Beispiel menschlicher Demut und Vorbild des Glaubens.

In dem Lied „Joseph, lieber Joseph mein" ist die Mutter Jesu ganz menschlich dargestellt. Neben ihr: Joseph. Er bleibt meist etwas farblos neben Maria. Selbstlos. Er nimmt das Kind an – so wie es ist: „Gerne, liebe Muhme mein, helf ich dir wiegen dein Kindelein…"

„Joseph, lieber Joseph mein" ist ein Lied, das Maria *und* Joseph zum Mittelpunkt hat. Und das durch die Jahrhunderte bis heute gesungen wird. Nach der Reformationszeit wird es in evangelische und katholische Gesangbücher aufgenommen. Heute ist es allerdings weder im Gotteslob noch im Evangelischen Gesangbuch zu finden.

„Joseph, lieber Joseph mein" geht in der Melodie zurück auf ein Lied in lateinischer Sprache: *„Resonet in laudibus …"* – übersetzt: *Mit Lobgesängen und freudigem Beifall sei Zion voll des Klangs zusammen mit den Gläubigen: Erschienen ist, den Maria geboren hat.* – Später im Lied heißt es: *Die Jungfrau hat Gott geboren wie es die himmlische Güte wollte.* Auch dieses lateinische Lied wurde in Krippenspielen des Mittelalters zum Wiegen des Krippenkindes gesungen, lange bevor die deutsche Textfassung entstand.

Joseph, lieber Joseph mein

„Joseph, lieber Joseph mein,
hilf mir wiegen mein Kindelein,
Gott, der wird dein Lohner sein
im Himmelreich, der Jungfrau Sohn Maria.“

„Gerne, liebe Maria mein,
helf ich dir wiegen das Kindelein.
Gott, der wird mein Lohner sein
im Himmelreich, der Jungfrau Sohn Maria.“

Freu dich nun, o Christenschar,
der himmlische König klar
nahm die Menschheit offenbar,
den uns gebar die reine Magd Maria.

Text und Melodie: Volkslied

IMMERHIN – EINEN KRIPPENPLATZ FÜR UNSER KIND HÄTTEN WIR SCHON MAL.
BUTZ

Die älteste überlieferte Fassung des Liedes

„Joseph, liber neve min,
hilf mir wigen myn kindelin,
daß got müeße din loner sin
in himelrich,
der meide kint Maria.“

“Gerne, libe mume min,
ich hilfe dir wigen din kindelin,
daß got müeße din loner sin
in himelrich,
der meide kint Maria.“

Nu fröu dich, cristenliche schar!
Der himelische kunig klar
nam die menschheit offenbar,
den uns gebar
die reine mait Maria.

Es sullen alle menschen zwar
mit ganzen fröuden komen dar,
da man fint der selen nar,
die uns gebar
die reine mait Maria.

Uns ist geborn Emanuel,
den uns verkündigt Gabriel,
des ist gezeugt Ezechiel.
O vronis el!
Dich hat geborn Maria.

O ewiges vaters ewiges wort,
war got, war mensch, der tugenden ort,
in himel, in erde, hie und dort
der sälden pfort,
die uns gebar Maria.

O süßer Jesu ußerkorn,
du weist wol, daß wir wor verlorn.
Stille uns deines vatirs zorn!
Dich hat geborn
die reine mait Maria.

O kleines kint, o großer got,
du leidest in der krippen not.
Der sunder hie vorhanden hot
der engel brot,
das uns gebar Maria.

Text und Melodie: Volkslied

Quempas-Singen

Den die Hirten

lobeten sehre

Ich bin zu Besuch bei Freunden in Mitteldeutschland. Sie schlagen mir vor: „Wir könnten doch nachher zum Adventsliedersingen in die Kirche gehen.“ Gesagt, getan.
Die Kirche ist dunkel. Aber viele Kerzen brennen. Kaum hab ich mich an das warme Licht der Kerzen gewöhnt, beginnt ein Kind links hinter mir zu singen. Ein Knabe mit glockenreiner Stimme. In der Hand hält er eine Kerze, die sein Gesicht in ein wunderschönes Licht taucht. Der Gesang wandert durch die Kirche. Nacheinander erklingen Stimmen aus allen vier Ecken zu uns. Dann setzt ein kleiner Chor ein – oben auf der Empore. Und schließlich singen alle. Es klingt wie „Joseph, lieber Josef mein“, geht dann aber anders weiter. –
Ich hab so etwas noch nicht erlebt. Und meine Freunde merken, dass ich sichtlich bewegt bin: „Das ist hier in dieser Kirche seit Hunderten von Jahren so – alle Jahre wieder. Und jedes Jahr versuchen sie es noch schöner zu machen als vorher. Quempas-Singen nennen sie das.“
Wir singen noch viele schöne Lieder. Und als wir nach Hause gehen, stehen die Sänger an der Kirchentür und geben uns das Kerzenlicht für Zuhause mit. Mir kommt es vor, als ob die Lichter in der Stadt wärmer leuchten als zuvor.
Der „Quempas“ lässt mich nicht mehr los. Zu Hause angekommen schaue ich nach.
Ja: Das Quempas-Singen gibt es in vielen Kirchen. Und es hat eine jahrhundertelange Entwicklung hinter sich, ehe diese Form gefunden war. Und Menschen, die immer wieder an der aus ganz alten Melodien und Texten zusammengesetzten Komposition feilten, um die Aufführung noch schöner hinzubekommen. Und das „Quempas-Heft“ sorgte mit einer millionenfachen Auflage im letzten Jahrhundert für eine noch größere Verbreitung.

Der Name „Quempas“ stammt von den ersten beiden Silben des lateinischen Textes „Quem pastores laudavere“ – so beginnt das Lied, deren einzelne Teile mit den ursprünglich lateinischen Versionen zum Teil bis in das 9. Jahrhundert zurückgehen.

Namhafte Liederschreiber und Komponisten wie Michael Praetorius formten das Stück immer weiter aus. Paul Gerhardt schrieb zu der ersten Melodie die Liedübertragung „Kommt und lasst uns Christum ehren“ (EG 39), die auch mit dem Quempas-Gesang verbunden werden kann.

Quempas – Den die Hirten lobeten sehre

Erste Gruppe/einzelne:
(1) Den die Hirten lobeten sehre
(2) und die Engel noch viel mehre,
(3) fürchtet euch nun nimmermehre,
(4) euch ist geborn ein König der Ehrn.

(Chor) Heut sein die lieben Engelein in hellem Schein
erschienen bei der Nachte den Hirten, die ihr' Schäfelein
bei Mondenschein im weiten Feld bewachten:
„Große Freud und gute Mär wolln wir euch offenbaren,
die euch und aller Welt soll widerfahren."

(Alle) Gottes Sohn ist Mensch geborn, ist Mensch geborn,
hat versöhnt des Vaters Zorn, des Vaters Zorn.

Zweite Gruppe/einzelne:
(1) Zu dem die Könige kamen geritten,
(2) Gold, Weihrauch, Myrrhen brachten sie mitte.
(3) Sie fielen nieder auf ihre Kniee:
(4) Gelobet seist du, Herr, allhie.

(Chor) „Sein' Sohn die göttlich Majestät euch geben hat,
ein' Menschen lassen werden. Ein Jungfrau ihn geboren hat
in Davids Stadt, da ihr ihn finden werdet
liegend in eim Krippelein nackend, bloß und elende,
dass er all euer Elend von euch wende."

(Alle) Gottes Sohn ist Mensch geborn, ist Mensch geborn,
hat versöhnt des Vaters Zorn, des Vaters Zorn.

Dritte Gruppe/einzelne:

(1) Freut euch heute mit Maria
(2) in der himmlischen Hierarchia,
(3) da die Engel singen alle
(4)in dem Himmel hoch mit Schall.

(Chor) Danach sangen die Engelein:
„Gebt Gott allein im Himmel Preis und Ehre.
Groß Friede wird auf Erden sein,
des solln sich freun die Menschen alle sehre
und ein Wohlgefallen han: Der Heiland ist gekommen,
hat euch zugut das Fleisch an sich genommen."

(Alle) Gottes Sohn ist Mensch geborn, ist Mensch geborn,
hat versöhnt des Vaters Zorn, des Vaters Zorn.

Vierte Gruppe/einzelne:

(1) Lobt, ihr Menschen alle gleiche,
(2) Gottes Sohn vom Himmelreiche;
(3) dem gebt jetzt und immermehre
(4) Lob und Preis und Dank und Ehr.

(Chor) Die Hirten sprachen: »Nun wohlan, so lasst uns gahn
und diese Ding erfahren, die uns der Herr hat kundgetan; das Vieh lasst stahn,
er wird's indes bewahren.«
Da fanden sie das Kindelein in Tüchelein gehüllet,
das alle Welt mit seiner Gnad erfüllet.

(Alle) Gottes Sohn ist Mensch geborn, ist Mensch geborn,
hat versöhnt des Vaters Zorn, des Vaters Zorn.

Text: 1.Teil: bei Matthäus Ludecus (1589) nach „Quem pastores laudavere" (15. Jahrhundert),
2. Teil: Nikolaus Herman (1560) nach „Nunc angelorum gloria" (14. Jahrhundert),
3. Teil: bei Johannes Keuchenthal (1573) nach „Magnum nomen Domini" (9. Jahrhundert)
Melodie: Hohenfurt (um 1450, Prag 1541, bei Valentin Triller 1555)

Es ist ein Ros entsprungen

Ein Zweig, der aus einer Wurzel entsprießt und *„mitten im kalten Winter“* eine Rose hervorbringt – ein starkes Bild für die menschliche Sehnsucht, dass da, wo nichts mehr zu erwarten ist, immer noch etwas geht.

„Es ist ein Ros entsprungen“ hat der Kartäusermönch Conradus um Weihnachten 1587 in sein Gebetbuch notiert. Diese älteste Fassung umfasst zwei Strophen. Schnell verbreitet es sich zwischen Trier, Mainz und Speyer. Erstmals gedruckt liegt es im Speyerer Gesangbuch von 1599 mit der bekannten Melodie vor – mit weiteren 21 Strophen. Deren Herkunft bleibt anonym. Sprachliche Raffinesse bietet allein das „Original“. Das Rätsellied um Wurzel, Reis (Zweig), Rose, Blümlein, Maria und Kind bleibt unerreicht. Conradus spielt geradezu mit seiner lateinischen Vorlage aus Jesaja 11, 1. Bei ihm wird die alttestamentliche Weissagung *„Es wird ein Reis (lateinisch „virga“) hervorgehen …“* durchlässig für die frohe Botschaft der heiligen Nacht: Eine Jungfrau *(lateinisch „virgo“)* bringt den Erlöser zur Welt. Das Rätsel ist gelöst: *„Das Röslein, das ich meine …“* – ist Maria.

Der lutherische Komponist Michael Praetorius (1572–1621) kürzt das Lied wieder auf zwei Strophen. Mit seiner Choralbearbeitung (1609) gelingt es ihm, das tief in der Volksfrömmigkeit verwurzelte Marienlied auch für evangelische Ohren und Herzen zu öffnen. Aber die von ihm in der zweiten Strophe vorgenommenen Texteingriffe sind so erheblich, dass die Logik des alten Rätsels geopfert wird zugunsten einer „protestantischen“ (Auf)lösung: *„Das Röslein, das ich meine …“* – ist das Kind.

Und Maria? Stand sie bei Conradus als Reis und Rose und Blume noch im Vordergrund, so steht sie bei Praetorius nun am Rande. Eine *„reine Magd“*, die das *„Röslein“* den Menschen gebracht hat. Nicht mehr – aber auch nicht weniger.

Der evangelische Pfarrer Friedrich Layriz (1808–1859) erweitert das Lied 1844 um drei weitere Strophen. Sie geben ihm unterschiedliche „Färbungen“: Die 3. Strophe schließt stimmungsvoll und theologisch überzeugend an die 2. Strophe an: *„Das Blümlein so kleine … Wahr' Mensch und wahrer Gott“*. Kontrastierend und eher dunkel lautet es dagegen in der *jetzigen* 4. Strophe: *„O Jesu, bis zum Scheiden aus diesem Jammertal …“*.
Mit ihren deutlichen Anklängen an die mittelalterliche Marienhymnologie ist die *frühere* 4. Strophe weithin unbekannt geblieben: *„Lob, Ehr sei Gott dem Vater, / dem Sohn und heilgen Geist! / Maria, Gottesmutter, / sei hoch gebenedeit! / Der in der Krippen lag, / der wendet Gottes Zoren, / wandelt die Nacht in Tag.“*

Es ist ein Ros entsprungen

Es ist ein Ros entsprungen
aus einer Wurzel zart,
wie uns die Alten sungen,
von Jesse kam die Art
und hat ein Blümlein bracht
mitten im kalten Winter
wohl zu der halben Nacht.

Das Röslein, das ich meine,
davon Jesaja sagt,
hat uns gebracht alleine
Marie, die reine Magd.
Aus Gottes ewgem Rat
hat sie ein Kind geboren,
welches uns selig macht.

Das Blümelein so kleine,
das duftet uns so süß;
mit seinem hellen Scheine
vertreibt's die Finsternis.
Wahr' Mensch und wahrer Gott,
hilft uns aus allem Leide,
rettet von Sünd und Tod.

O Jesu, bis zum Scheiden
aus diesem Jammertal
lass dein Hilf uns geleiten
hin in den Freudensaal,
in deines Vaters Reich,
da wir dich ewig loben;
o Gott, uns das verleih!

Text: Strophe 1-2 Michael Praetorius (1609);
Strophe 3-4 bei Fridrich Layriz (1844)
Melodie: Speyerer Gesangbuch (1599)

Im Evangelischen Gesangbuch sind alle
4 Strophen abgedruckt, im Gotteslob die
Strophen 1-3.

Die „katholische Urfassung"

Es ist ein Ros entsprungen
aus einer Wurzel zart,
wie uns die Alten sungen,
von Jesses kam die Art
und hat ein Blümlein bracht
mitten im kalten Winter,
wohl zu der halben Nacht.

Das Röslein, das ich meine,
davon Jesaia sagt,
Maria ist die reine
die uns das Blümlein bracht.
Aus Gottes ewgem Rat
hat sie ein Kind geboren
und blieb doch reine Magd.

Text: Conradus (1587/88)
Melodie: Speyerer Gesangbuch (1599)

Vom Himmel hoch, da komm ich her

Fast 20 Jahre liegen hinter Martin Luthers Thesenanschlag. Die heftigen Auseinandersetzungen der früheren Jahre sind – vorerst – beendet. Die Kirche baut ihr „Haus“ und richtet sich Stück für Stück darin ein.
Auch Martin Luther baut an seinem Haus. Er ist mittlerweile Ehemann und Familienvater und lebt mit seiner Familie in jenem Kloster, das ihm als Mönch schon einmal Heimat war. Und immer noch nimmt er gern seine Laute zur Hand, um mit Worten und Tönen die Reformation in Schwung zu halten.
Vielleicht ist es so gewesen: An einem sonnigen Herbsttag des Jahres 1534 verlegt er kurzentschlossen seine „Liederwerkstatt“ in den Klosterhof. Ein Lied kommt ihm nicht aus dem Kopf: *„Ich kumm aus fremden Landen her ...“* Es ist ein sogenannten „Kranzlied“: Junge Burschen tragen in einem Wettbewerb Rätsellieder vor: *„... der neuen Mär bring ich so viel, mehr dann ich euch hier sagen will“*. Der Sieger bekommt von seiner Auserwählten als Preis einen Kranz.
„Daraus kann man etwas machen“, denkt sich Luther. Und schnell fliegt die Feder über das Papier:

> *„Vom Himmel hoch, da komm ich her,*
> *ich bring euch gute neue Mär;*
> *der guten Mär bring ich so viel,*
> *davon ich sing'n und sagen will ...“.*

Am Ende sind es 15 Strophen, die die Weihnachtsgeschichte nach Lukas nacherzählen: die Begegnung zwischen dem Engel und den Hirten, deren Aufbruch nach Bethlehem und die Ankunft im Stall.
Es spricht vieles dafür, dass er dieses Lied zur Bescherung seiner damals noch kleinen Kinder geschrieben hat – als musikalische Unterlegung eines familiären Krippenspiels.
„Kinderlied auff die Weihenachten“ hat es er genannt, als er es 1535 veröffentlichte.

Martin Luther veröffentlicht zunächst seinen Text mit der ihm vorliegenden Melodie (1535). 1539 erscheint die neue, heute allgemein bekannte und ihm zugeschriebene Melodie. Nun trägt das Lied die Überschrift *„Vom Himmel hoch, da komm ich her“*.
Kein Geringerer als Johann Sebastian Bach (1685–1750) erweist Luther darin seine Referenz, dass er dessen Komposition in sein Weihnachtsoratorium aufnimmt – und dies gleich dreifach: *„Ach, mein herzliebes Jesulein“; „Schaut hin, dort liegt im finstern Stall“; „Wir singen dir in deinem Heer“*.
Seit 1541 bis in die Gegenwart gehört es zum festen Bestand in evangelischen und katholischen Gesangbüchern (Speyer 1599). Rasch verbreitet es sich über den deutschsprachigen Raum hinaus: „Van hoochde des Hemels coem ick hier“ (Niederlande 1565); „I come from heuin to tell“ (Schottland 1567).

Vom Himmel hoch, da komm ich her

„Vom Himmel hoch da komm ich her,
ich bring euch gute neue Mär;
der guten Mär bring ich so viel,
davon ich singn und sagen will.

Euch ist ein Kindlein heut geborn
von einer Jungfrau auserkorn,
ein Kindelein so zart und fein,
das soll eu'r Freud und Wonne sein.

Es ist der Herr Christ, unser Gott,
der will euch führn aus aller Not,
er will eu'r Heiland selber sein,
von allen Sünden machen rein.

Er bringt euch alle Seligkeit,
die Gott der Vater hat bereit',
dass ihr mit uns im Himmelreich
sollt leben nun und ewiglich.

So merket nun das Zeichen recht:
die Krippe, Windelein so schlecht,
da findet ihr das Kind gelegt,
das alle Welt erhält und trägt."

Des lasst uns alle fröhlich sein
und mit den Hirten gehn hinein,
zu sehn, was Gott uns hat beschert,
mit seinem lieben Sohn verehrt.

Merk auf, mein Herz, und sieh dorthin;
was liegt doch in dem Krippelein?
Wes ist das schöne Kindelein?
Es ist das liebe Jesulein.

Sei mir willkommen, edler Gast!
Den Sünder nicht verschmähet hast
und kommst ins Elend her zu mir:
Wie soll ich immer danken dir?

Ach Herr, du Schöpfer aller Ding,
wie bist du worden so gering,
dass du da liegst auf dürrem Gras,
davon ein Rind und Esel aß!

Und wär die Welt vielmal so weit,
von Edelstein und Gold bereit',
so wär sie doch dir viel zu klein,
zu sein ein enges Wiegelein.

Der Sammet und die Seiden dein,
das ist grob Heu und Windelein,
darauf du König groß und reich
herprangst, als wär's dein Himmelreich.

Das hat also gefallen dir,
die Wahrheit anzuzeigen mir,
wie aller Welt Macht, Ehr und Gut
vor dir nichts gilt, nichts hilft noch tut.

Ach mein herzliebes Jesulein,
mach dir ein rein sanft Bettelein,
zu ruhen in meins Herzens Schrein,
dass ich nimmer vergesse dein.

Davon ich allzeit fröhlich sei,
zu springen, singen immer frei
das rechte Susaninne schön,
mit Herzenslust den süßen Ton.

Lob, Ehr sei Gott im höchsten Thron,
der uns schenkt seinen ein'gen Sohn.
Des freuet sich der Engel Schar
und singet uns solch neues Jahr.

Text und Melodie: Martin Luther (1535 / 1539)

Der ursprüngliche Text
Die „Vorlage" für Martin Luther

Ich kumm aus fremden Landen her
und bring euch viel der neuen Mär,
der neuen Mär bring ich so viel.
Mehr dann ich euch hier sagen will.

Die fremden Land, die sind so weit,
darin wächst uns gut Sommerzeit,
darin da wachsen Blümlein rot und weiss,
die brechen Jungfrauen mit ganzem Fleiß

und machen daraus einen Kranz
und tragen ihn an den Abendtanz.
Und lond die Gesellen darum singen,
bis einer das Kränzlein tut gewinnen.

GLORIA
GLORIA
Die himmlischen Bärscharen
BUTZ

Als ich bei meinen Schafen wacht

Seit über 10 000 Jahren halten die Menschen Schafe. In Norddeutschland sieht man sie vor allem auf den Deichen – und in der Lüneburger Heide.
An einer Herde von Schafen einfach so vorbei zu radeln, das geht fast nicht. Sie ziehen unsere Blicke magisch auf sich. Ich halte an. Schaue ihnen zu. Und werde etwas neidisch. Nicht, weil sie bei jedem Wind und Wetter draußen stehen. Sondern weil sie so gemütlich, so gemächlich, so ruhig daher kommen oder dahin gehen. Als könne nichts und niemand sie aus der Ruhe bringen.
Und einem Menschen zu begegnen, der Schafe hütet: einem Hirten – das ist heute auch etwas ganz Besonderes.

Den Hirten vor Bethlehem brachten die Engel die wunderbare Botschaft zuerst. Armen Leuten, die keinen guten Stand in der Gesellschaft hatten.
Das Lied „Als ich bei meinen Schafen wacht" erzählt die Geschichte aus der Sicht eines solchen Hirten. Er erzählt von der Verkündigung auf dem Feld und seinem Besuch an der Krippe – und von dem, was das Erlebte für sein persönliches Leben bedeutet. Und das mit einer wunderschönen Melodie.

Das Lied entstand um 1600. Der Urheber ist unbekannt.[9] Mit diesem Lied hat eine besondere Form des Liedes seinen Anfang genommen – das sogenannte „Echo-Lied". Zu Beginn des 17. Jahrhunderts wird es eine beliebte Form: Jemand singt die Geschichte – und alle antworten: Des bin ich froh. Benedicamus Domino. Auf Deutsch: Wir preisen den Herrn![10]

Im Evangelischen Gesangbuch suchen wir das Lied vergeblich. Anders dagegen im Kindergesangbuch der Hannoverschen Kirche von 1924. Dort ist es abgedruckt unter der Rubrik „Alte Lieder zum Krippenspiel" wie viele andere Lieder, die wir heute auch im Evangelischen Gesangbuch finden können, z.B. „Ihr Kinderlein, kommet" oder „Stille Nacht". Vielleicht ist es beim nächsten mal ja dabei…

4

Als ich bei meinen Schafen wacht

Als ich bei meinen Schafen wacht',
ein Engel mir die Botschaft bracht'.
Des bin ich froh,
bin ich froh,
froh, froh, froh,
froh, froh, froh!
Benedicamus Domino,
benedicamus Domino.

Er sagt', es soll geboren sein
zu Bethlehem ein Kindelein.
Des bin ich froh,
bin ich froh,
froh, froh, froh,
froh, froh, froh!
Benedicamus Domino,
benedicamus Domino.

Er sagt', das Kind liegt dort im Stall
und soll die Welt erlösen all'.
Des bin ich froh,
bin ich froh,
froh, froh, froh,
froh, froh, froh!
Benedicamus Domino,
benedicamus Domino.

Als ich das Kind im Stall geseh'n,
nicht wohl konnt' ich von dannen geh'n.
Des bin ich froh,
bin ich froh,
froh, froh, froh,
froh, froh, froh!
Benedicamus Domino,
benedicamus Domino.

Das Kind zu mir die Äuglein wandt,
mein Herz gab ich in seine Hand.
Des bin ich froh,
bin ich froh,
froh, froh, froh,
froh, froh, froh!
Benedicamus Domino,
benedicamus Domino.

Den Schatz muss ich bewahren wohl,
so bleibt mein Herz der Freuden voll.
Des bin ich froh,
bin ich froh,
froh, froh, froh,
froh, froh, froh!
Benedicamus Domino,
benedicamus Domino.

Text und Melodie: Volkslied (um 1600)

Zu Bethlehem geboren

In Paris singt eine junge Frau in der zweiten Hälfte des 16. Jahrhunderts ein populäres Chanson.[11] In dem Lied begegnet eine junge Dame auf dem Weg zu einem Fest einem Wolf. Voller Angst fragt sie sich: „Was soll ich tun? Ich werde sterben!“ – Gott sei Dank kommt Pierre. Sie bittet ihn: „Lüfte dein Jäckchen. Verbirg mich darunter.“ – Gesagt. Getan. Dann spannt er seine Armbrust und erschießt den Wolf. Daraufhin Pierre: „Nun erhebe dich, Gespielin – und bleib eng bei mir.“ – Im Kehrvers heißt es immer wieder: „Pierre, Pierre, nimm mich ganz eng zu dir.“

Die Melodie findet den Weg nach Deutschland – und gehört seitdem zu einem der schönsten Weihnachtslieder: „Zu Bethlehem geboren“.

Friedrich Spee schrieb es kurz vor seinem Tod (1635). Er war wirklich unter die Wölfe gefallen – jedenfalls im übertragenen Sinne, nachdem er ein Buch über die Hexenprozesse veröffentlicht hatte. Der Titel: „Vorsicht bei der Rechtsprechung – an die Regierungen Deutschlands.“
Viele Frauen hatte er auf dem Weg zum Scheiterhaufen begleitet – und trat für sie ein, machte die Praktiken deutlich, denen sie ausgesetzt waren: Sündenbocksuche, Verrat, Vorverurteilung, Verweigerung des Rechtsbeistandes, Erpressung, Folter, Mord. Das kam nicht gut an. Ihm wurde die Professur an der Jesuiten-Universität in Paderborn entzogen. Mit 44 Jahren starb er nach Anfeindungen und Zurücksetzungen in Trier. Dort betreute und pflegte er zuletzt verwundete und pestkranke Soldaten.

Ein bewegtes Leben – mit einem frühen Tod. Und so ein schönes Lied. Es ist ein Liebeslied für Jesus. Und das „Eia“ an der Krippe wird mit diesem Lebens-Hintergrund zu einem Appell, mit den Menschengeschwistern menschlich und liebevoll umzugehen.

Zu Bethlehem geboren

Zu Bethlehem geboren ist uns ein Kindelein.
Das hab ich auserkoren, sein eigen will ich sein.
Eia, eia, sein eigen will ich sein.

In seine Lieb versenken will ich mich ganz hinab;
mein Herz will ich ihm schenken und alles, was ich hab.
Eia, eia, und alles, was ich hab.

O Kindelein, von Herzen will ich dich lieben sehr
in Freuden und in Schmerzen, je länger mehr und mehr.
Eia, eia, je länger mehr und mehr.

Dazu dein Gnad mir gebe, bitt ich aus Herzensgrund,
dass dir allein ich lebe jetzt und zu aller Stund.
Eia, eia, jetzt und zu aller Stund.

Dich wahren Gott ich finde in meinem Fleisch und Blut;
darum ich fest mich binde an dich, mein höchstes Gut.
Eia, eia, an dich, mein höchstes Gut.

Lass mich von dir nicht scheiden, knüpf zu, knüpf zu das Band
der Liebe zwischen beiden, nimm hin mein Herz zum Pfand.
Eia, eia, nimm hin mein Herz zum Pfand.

Text: Friedrich Spee (1637)
Melodie: Paris (1599)
Im Gotteslob sind alle 6 Strophen abgedruckt,
im Evangelischen Gesangbuch die Strophen 1-4.

Macht hoch die Tür

Es ist die Zeit König Davids. In Jerusalem warten die Menschen sehnsüchtig auf die Ankunft der Bundeslade. Sie ist das Symbol für den Bund, den Gott mit dem Volk Israel am Berg Sinai geschlossen hat – Gottes Wort und Gebot. Inmitten des Gottesvolkes sollen die beiden steinernen Gebotstafeln nun in dem neu erbauten Tempel ihren Platz einnehmen. Die Menschen rufen und singen: *„Erhebt eure Häupter, ihr Tore, und erhebt euch, ihr Pforten der Ewigkeit, dass einziehen kann der König der Herrlichkeit!“* (Psalm 24, 7; nach Buber/Rosenzweig).
2500 Jahre später – mitten im Krieg, den man später den „30-jährigen-Krieg“ nennen wird – blicken Menschen hoffnungsvoll in die Zukunft. In Altroßgarten, einem Stadtteil von Königsberg, feiert die Gemeinde die Einweihung ihres neuen Gotteshauses. Es ist der 10. Dezember 1623 – der 2. Advent. Ein Freudentag. Darum: *„Machet die Tore weit und die Türen der Welt hoch, dass der König der Ehren einziehe!“*

„Macht hoch die Tür, die Tor macht weit, es kommt der Herr der Herrlichkeit … – Inspiriert von Luthers Psalmübersetzung hat der Königsberger Pfarrer und Liederdichter Georg Weißel (1590–1635) eigens zum Kirchweihfest einen Text verfasst. Was er schreibt, nimmt nicht nur die Sprache und die Stimmung des alten Psalms auf. Ihm gelingt in seiner fünften Strophe auch eine Zuspitzung der alten Worte auf Christus hin: *„Komm, o mein Heiland Jesu Christ, meins Herzens Tür dir offen ist …* Auf wunderbare Weise schlägt Georg Weißels Adventslied so eine „heilsgeschichtliche“ Brücke. Sie verbindet das erste Gottesvolk und die christliche Gemeinde in der gemeinsamen Erwartung: Gott kommt zu den Menschen!
Am darauffliegenden 3. Advent 1623 kommt die Gemeinde wieder zusammen. Der neue Pfarrer wird als erster Geistlicher der neuen Kirche in sein Amt eingeführt. Es ist Georg Weißel. Und wieder überrascht er seine Gemeinde mit einem neuen Lied: *„Such, der da will, ein ander Ziel“* (EG Nr. 346).

Die älteste Melodie von *„Macht hoch die Tür, die Tor macht weit“* (EG Nr. 1) stammt von dem Königsberger Kantor Johann Stobäus (1580–1646). Sein in der Sammlung *„Preußische Fest-Lieder“* 1642 veröffentlichter fünfstimmiger feierlicher Chorsatz hat sich nicht durchsetzen können.
Große Popularität erlangt die Melodie, die 1704 zum erstenmal im *„Geist-reiches Gesang-Buch“* von dem Hallenser Theologe Johann Anastasius Freylinghausen (1670–1739) erscheint. Diese beschwingte Weise im 6/4-Takt wird bis heute in leicht veränderter Form gesungen. Ihr Verfasser ist unbekannt geblieben.

Macht hoch die Tür

Macht hoch die Tür, die Tor macht weit;
es kommt der Herr der Herrlichkeit,
ein König aller Königreich,
ein Heiland aller Welt zugleich,
der Heil und Leben mit sich bringt;
derhalben jauchzt, mit Freuden singt:
Gelobet sei mein Gott,
mein Schöpfer reich von Rat.

Er ist gerecht, ein Helfer wert;
Sanftmütigkeit ist sein Gefährt,
sein Königskron ist Heiligkeit,
sein Zepter ist Barmherzigkeit;
all unsre Not zum End er bringt,
derhalben jauchzt, mit Freuden singt:
Gelobet sei mein Gott,
mein Heiland groß von Tat.

O wohl dem Land, o wohl der Stadt,
so diesen König bei sich hat.
Wohl allen Herzen insgemein,
da dieser König ziehet ein.
Er ist die rechte Freudensonn,
bringt mit sich lauter Freud und Wonn.
Gelobet sei mein Gott,
mein Tröster früh und spat.

Macht hoch die Tür, die Tor macht weit,
eu'r Herz zum Tempel zubereit'.
Die Zweiglein der Gottseligkeit
steckt auf mit Andacht, Lust und Freud;
so kommt der König auch zu euch,
ja, Heil und Leben mit zugleich.
Gelobet sei mein Gott,
voll Rat, voll Tat, voll Gnad.

Komm, o mein Heiland Jesu Christ,
meins Herzens Tür dir offen ist.
Ach zieh mit deiner Gnade ein;
dein Freundlichkeit auch uns erschein.
Dein Heilger Geist uns führ und leit
den Weg zur ewgen Seligkeit.
Dem Namen dein, o Herr,
sei ewig Preis und Ehr.

Text: Georg Weissel (1623 / 1642)
Melodie: Halle (1704)

Unter dem preussischen Staatsminister Wilhelm von Humboldt bringt der Theologe Friedrich Schleiermacher – zuständig für die sogenannten „geistlichen Angelegenheiten“ – 1829 ein im Sinne der Aufklärung bearbeitetes Gemeindegesangbuch heraus. Auch durch *„Macht hoch das Thor, die Pforten weit!“ bzw. „Macht hoch die Tür“* weht der Zeitgeist des Rationalismus. Auf Empfehlung Schleiermachers wird als Melodie Luthers Choral „Vater unser im Himmelreich“ unterlegt – und die entsprechenden Zeilen des Originals gestrichen.

Macht hoch das Thor, die Pforten weit!
Er kommt, der Herr der Herrlichkeit!
Der Himmel ist sein Königreich,
und alle Welt dient ihm zugleich.
Er ist's, der Heil und Leben bringt,
dem laut die Schaar der Frommen singt.

Er ist gerecht, wie keiner mehr,
Sanftmüthigkeit geht vor ihm her;
sein Scepter ist Barmherzigkeit,
und seine Kron' ist Heiligkeit.
Er wendet alle unsre Noth,
und macht uns frei von Sünd' und Tod.

O wohl dem Land, o wohl der Stadt,
die diesen König bei sich hat!
Wohl allen Herzen insgemein,
da dieser König ziehet ein!
Ein unvergänglich Freudenlicht
strahlt aus von seinem Angesicht.

Macht hoch das Thor, die Pforten weit,
ihn zu empfangen seyd bereit,
und öffnet eure Herzen gern
dem Ehrenkönig, eurem Herrn!
So kommt er freundlich auch zu euch,
und mit ihm Glück und Heil zugleich.

Ja, komm, mein Heiland, auch zu mir,
geöffnet ist des Herzens Thür;
auch zeuch mit deiner Gnade ein,
erfüll' uns ganz mit ihrem Schein;
dein Geist regier' uns allezeit,
und führ' uns einst zur Seligkeit!

Gesangbuch zum gottesdienstlichen Gebrauch für evangelische Gemeinen. Mit Genehmigung Eines hohen Ministerii der geistlichen Angelegenheiten. Berlin 1829, S. 74 (Nr. 146). DVA: V 2/864

Wie soll ich dich empfangen

„Wie soll ich dich empfangen?“ – ein Lied, wie ein innerer Dialog, mit dem das menschliche „Ich“ mit dem göttlichen „Du“ in Verbindung tritt:

„Wie soll ich dich empfangen, und wie begeg'n ich dir,
du aller Welt Verlangen und meiner Seele Zier? …

Hier geht es nicht um das „Ob“ oder „Wann“ dieser Begegnung, sondern allein um das „Wie“. Nicht der Zweifel, sondern die Sehnsucht nach der Nähe Gottes ist die treibende Kraft, die den gläubigen Menschen in Bewegung setzt: Gott kommt in Jesus Christus zu mir. Aber – bin ich bereit für sein Kommen, für seinen Advent? – Wie ein Hilferuf schließt die zweite Hälfte an:

… O Jesu, setze mir selbst die Fackel bei,
damit, was dich ergötze, mir kund und wissend sei.

Dass uns ein Licht aufgeht, wenn Gott sich auf den Weg zu uns macht, darum geht es beim Advent. Und – dass wir *glauben*, dass Gott in Jesus Christus uns nahe sein will als der, der unserem Leben Ziel und Richtung gibt.

Der Theologe und Widerstandskämpfer Dietrich Bonhoeffer (1906–1945) schreibt im April 1943 aus der Tegeler Haft an seine Eltern: *„Verzeiht, dass ich Euch Sorgen mache, aber ich glaube, daran bin diesmal weniger ich, als ein widriges Schicksal schuld. Dagegen ist es gut, Paul Gerhardts Lieder zu lesen und auswendig zu lernen, wie ich es jetzt tue.“*[12]

Wir dürfen sicher sein, dass Dietrich Bonhoeffer in seiner Zelle Gottes Nähe erfahren hat, so wie es ihm Paul Gerhardt in der 4. Strophe seines Liedes als Botschaft zugesichert hat:

„Ich lag in schweren Banden,
du kommst und machst mich los;
ich stand in Spott und Schanden,
du kommst und machst mich groß
und hebst mich hoch zu Ehren
und schenkst mir großes Gut,
das sich nicht lässt verzehren,
wie irdisch Reichtum tut.“

Wie so viele andere Lieder ist *„Wie soll ich dich empfangen“* (EG 11) das Ergebnis einer freundschaftlichen Zusammenarbeit von dem evangelischen Pfarrer und Liederdichter Paul Gerhardt (1607–1676) und dem Kirchenmusiker Johann Crüger (1598–1662).

In seinem Weihnachtsoratorium (1734) nimmt Johann Sebastian Bach (1685–1750) sowohl das adventliche *„Wie soll ich dich empfangen“* (5./Choral) wie das weihnachtliche *„Ich steh bei deiner Krippen hier“* (59./Choral) auf. Dabei erweist sich Bach als profunder Kenner der lutherischen Theologie: *„Wie soll ich dich empfangen“* hinterlegt mit der Melodie von *„O Haupt voll Blut und Wunden“* (EG 85); *„Ich steh bei deiner Krippen hier“* mit der Melodie von *„Es ist gewisserlich an der Zeit“* (EG 149). So gelingt ihm der Brückenschlag von Advent und Weihnachten zur Passion Jesu, von der Krippe zum Kreuz.

Wie soll ich dich empfangen

Wie soll ich dich empfangen
und wie begegn ich dir,
o aller Welt Verlangen,
o meiner Seelen Zier?
O Jesu, Jesu, setze
mir selbst die Fackel bei,
damit, was dich ergötze,
mir kund und wissend sei.

Dein Zion streut dir Palmen
und grüne Zweige hin,
und ich will dir in Psalmen
ermuntern meinen Sinn.
Mein Herze soll dir grünen
in stetem Lob und Preis
und deinem Namen dienen,
so gut es kann und weiß.

Was hast du unterlassen
zu meinem Trost und Freud,
als Leib und Seele saßen
in ihrem größten Leid?
Als mir das Reich genommen,
da Fried und Freude lacht,
da bist du, mein Heil, kommen
und hast mich froh gemacht.

Ich lag in schweren Banden,
du kommst und machst mich los;
ich stand in Spott und Schanden,
du kommst und machst mich groß
und hebst mich hoch zu Ehren
und schenkst mir großes Gut,
das sich nicht lässt verzehren,
wie irdisch Reichtum tut.

Nichts, nichts hat dich getrieben
zu mir vom Himmelszelt
als das geliebte Lieben,
damit du alle Welt
in ihren tausend Plagen
und großen Jammerlast,
die kein Mund kann aussagen,
so fest umfangen hast.

Das schreib dir in dein Herze,
du hochbetrübtes Heer,
bei denen Gram und Schmerze
sich häuft je mehr und mehr;
seid unverzagt, ihr habet
die Hilfe vor der Tür;
der eure Herzen labet
und tröstet, steht allhier.

Ihr dürft euch nicht bemühen
noch sorgen Tag und Nacht,
wie ihr ihn wollet ziehen
mit eures Armes Macht.
Er kommt, er kommt mit Willen,
ist voller Lieb und Lust,
all Angst und Not zu stillen,
die ihm an euch bewusst.

Auch dürft ihr nicht erschrecken
vor eurer Sünden Schuld;
nein, Jesus will sie decken
mit seiner Lieb und Huld.
Er kommt, er kommt den Sündern
zu Trost und wahrem Heil,
schafft, dass bei Gottes Kindern
verbleib ihr Erb und Teil.

Was fragt ihr nach dem Schreien
der Feind und ihrer Tück?
Der Herr wird sie zerstreuen
in einem Augenblick.
Er kommt, er kommt, ein König,
dem wahrlich alle Feind
auf Erden viel zu wenig
zum Widerstande seind.

Er kommt zum Weltgerichte:
zum Fluch dem, der ihm flucht,
mit Gnad und süßem Lichte
dem, der ihn liebt und sucht.
Ach komm, ach komm, o Sonne,
und hol uns allzumal
zum ewgen Licht und Wonne
in deinen Freudensaal.

Text: Paul Gerhardt (1653)
Melodie: Johann Crüger (1653)

Ich steh an deiner Krippen hier

Eltern schauen liebevoll ihr neugeborenes Kind an – ein Augenblick größter Nähe, Zuneigung und Dankbarkeit:

> *„Ich sehe dich mit Freuden an, und kann mich nicht satt sehen …“*

Über alle Maßen fühlen sich Mutter und Vater beschenkt von dem ihnen geborenen Kind. Und gleichzeitig wollen sie ihm alles geben, was es braucht:

> *„Nimm hin, es ist mein Geist und Sinn, Herz, Seel und Mut, nimm alles hin …“*

Aber – wer ist hier der Schenkende, und wer ist der Beschenkte? Eltern können auf diese Frage sofort eine Antwort geben: „Mein Kind gibt mir so viel, dass es aus mir einen neuen Menschen gemacht hat.“

Liebe geben und empfangen – der lutherische Theologe und Dichter Paul Gerhardt hat diese Erfahrung in seinem Lied *„Ich steh an deiner Krippen hier“* (1653) in einfühlsame Worte gefasst.

> *„Da ich noch nicht geboren war, da bist du mir geboren und hast mich dir zu eigen gar, eh ich dich kannt, erkoren …“*

Ein Weihnachtslied? Eher ein Liebeslied! Und in diesem Lied ist alles möglich. Über Zeit und Raum hinweg an der Krippe zu stehen – das ist die alles überwältigende Erfahrung des Glaubens, die uns Paul Gerhardt in seinem Lied ermöglichen will: Gott schenkt sich *mir*. Die Liebe *gilt mir*. Das Kind in der Krippe ist *für mich* geboren.

Diese Begegnung zwischen Gott und Mensch ist von so tiefer Intimität, dass alles andere nebensächlich wird. Maria und Josef, Engel, Hirten und Könige – das alles tritt zurück. Es gibt nur noch ihn und mich. Und ich darf an die Zusage glauben, die über meinem ganzen Leben steht: Ich gehöre ihm, der sich *mir* schenkt.

> *„… O Sonne, die das werte Licht des Glaubens in mir zugericht – wie schön sind deine Strahlen!“*

Paul Gerhardt (1607–1676) wirft als Liederdichter einen ebenso großen Schatten wie Martin Luther. 131 Liedertexte hat er seiner Kirche hinterlassen.

Johann Crüger (1598–1662), Kantor an St. Nicolai/Berlin und Freund Paul Gerhardts, veröffentlicht *„Ich steh an deiner Krippen hier“* in seinem Gesangbuch *„Praxis Pietatis Melica“* (1653). Dazu unterlegt er den Text mit jener Melodie, die Martin Luther 1529 für *„Es ist gewisserlich an der Zeit“* erschaffen hat.

1734 nimmt Johann Sebastian Bach (1685–1750) das Lied mit Luthers Melodie als Choral in sein Weihnachtsoratorium auf. 1736 veröffentlicht der Zeitzer Schlosskantor Georg Christian Schemelli (1678–1762) in seinem *„Musicalischen Gesang-Buch“* Bachs Eigenkomposition. In dieser Gestalt als Solo-Ariengesang erlangt das Lied große Volkstümlicheit.

Sowohl das *„Evangelische Gesangbuch“* (EG Nr. 37, 1–9) wie auch das katholische *„Gotteslob“* (GL Nr. 256, 1–4) halten an Bachs Melodie fest. Aber allein im „Gotteslob“ wird Luthers Orginalmelodie als Alternative genannt.

Ich steh an deiner Krippen hier

Ich steh an deiner Krippen hier,
o Jesu, du mein Leben;
ich komme, bring und schenke dir,
was du mir hast gegeben.
Nimm hin, es ist mein Geist und Sinn,
Herz, Seel und Mut, nimm alles hin
und lass dir's wohlgefallen.

Du hast mit deiner Lieb erfüllt
mein Adern und Geblüte;
dein schöner Glanz, dein süßes Bild
liegt mir ganz im Gemüte.
Und wie mag es auch anders sein,
wie könnt ich dich, mein Herzelein,
aus meinem Herzen lassen?

Da ich noch nicht geboren war,
da bist du mir geboren
und hast mich dir zu eigen gar,
eh ich dich kannt, erkoren.
Eh ich durch deine Hand gemacht,
da hast du schon bei dir bedacht,
wie du mein wolltest werden.

Ich lag in tiefer Todesnacht,
du warest meine Sonne,
die Sonne, die mir zugebracht
Licht, Leben, Freud und Wonne.
O Sonne, die das werte Licht
des Glaubens in mir zugericht',
wie schön sind deine Strahlen!

Ich sehe dich mit Freuden an
und kann mich nicht satt sehen;
und weil ich nun nichts weiter kann,
bleib ich anbetend stehen.
O dass mein Sinn ein Abgrund wär
und meine Seel ein weites Meer,
dass ich dich möchte fassen!

Vergönne mir, o Jesulein,
dass ich dein Mündlein küsse,
das Mündlein, das den süßen Wein,
auch Milch- und Honigflüsse
weit übertrifft in seiner Kraft;
es ist voll Labsal, Stärk und Saft,
der Mark und Bein erquicket.

Wann oft mein Herz im Leibe weint
und keinen Trost kann finden,
rufst du mir zu: „Ich bin dein Freund,
ein Tilger deiner Sünden.
Was trauerst du, o Bruder mein?
Du sollst ja guter Dinge sein,
ich zahle deine Schulden."

Wer ist der Meister, der allhier
nach Würden aus kann streichen?
Die Händlein, so dies Kindlein mir,
beginnet zuzureichen.
Der Schnee ist hell, die Milch ist weiß,
verlieren doch beid ihren Preis,
wann diese Händlein blicken.

Wo nehm ich Weisheit und Verstand,
mit Lobe zu erhöhen
die Äuglein, die so unverwandt
nach mir gerichtet stehen?
Der volle Mond ist schön und klar,
schön ist der güldnen Sternen Schar,
dies Äuglein sind viel schöner.

O dass doch so ein lieber Stern
soll in der Krippen liegen!
Für edle Kinder großer Herrn
gehören güldne Wiegen.
Ach Heu und Stroh ist viel zu schlecht,
Samt, Seide, Purpur wären recht,
dies Kindlein drauf zu legen!

Nehmt weg das Stroh, nehmt weg das Heu,
ich will mir Blumen holen,
dass meines Heilands Lager sei
auf lieblichen Violen;
mit Rosen, Nelken, Rosmarin
aus schönen Gärten will ich ihn
von oben her bestreuen.

Zur Seiten will ich hie und dar
viel weiße Lilien stecken,
die sollen seiner Äuglein Paar
im Schlafe sanft bedecken.
Doch liebt vielmehr das dürre Gras
dies Kindelein als alles das,
was ich hier nenn und denke.

Du fragest nicht nach Lust der Welt
noch nach des Leibes Freuden;
du hast dich bei uns eingestellt,
an unsrer statt zu leiden,
suchst meiner Seele Herrlichkeit
durch Elend und Armseligkeit;
das will ich dir nicht wehren.

Eins aber, hoff ich, wirst du mir,
mein Heiland, nicht versagen:
dass ich dich möge für und für
in, bei und an mir tragen.
So lass mich doch dein Kripplein sein;
komm, komm und lege bei mir ein
dich und all deine Freuden.

Zwar sollt ich denken, wie gering
ich dich bewirten werde:
Du bist der Schöpfer aller Ding,
ich bin nur Staub und Erde.
Doch bist du ein so frommer Gast,
dass du noch nie verschmähet hast
den, der dich gerne siehet.

Text: Paul Gerhardt (1653)
Melodie: Johann Sebastian Bach (1734)

Die kursiv gesetzten Verse von Paul Gerhardt sind im Evangelischen Gesangbuch nicht abgedruckt.

Die heiligen drei Königinnen.

Was soll das bedeuten?

In dem Lied „Was soll das bedeuten?“ steht ein „Gegensatz-Paar“ im Vordergrund, das uns oft in Weihnachtliedern begegnet: Die Menschen begegnen einem wunderbaren Licht – mitten im Dunkel der Nacht.
Licht ist eine der beeindruckendsten Erscheinungsformen in unserer Welt. Licht ermöglicht Leben. Licht macht sichtbar. Licht ist seinem Wesen nach transzendent: Es ist ein Symbol für eine andere Wirklichkeit.

In der Geschichte vieler Religionen spielt Licht bis auf den heutigen Tag eine bedeutende Rolle.[13] Denn nichts Geringeres als das Erleben Gottes wird durch dieses Symbol ausgedrückt.
Im mitternächtlichen „Sonnenlicht“ begegnen Gott ganz einfache Menschen: Hirten. Sie hatten damals keinen guten Ruf, wurden in der Nähe von Kriminellen gesehen. Hatten es schwer zu überleben als einfache Arbeiter. Gleichwohl hatten sie eine wichtige Aufgabe. Denn Schafe waren oft *das* Hab und Gut der Menschen. Sie mussten gehegt und gepflegt, Weideplätze für sie im dürren Land gesucht werden. Hirten mussten die Tiere nachts immer wieder gegen Räuber und Raubtiere verteidigen. Ihre Tiere. Denn sie sorgten für sie. Die Schafe hatten alle einen Namen – und kannten die Stimme des Hirten. Deshalb wird in der Bibel auch von Gott als dem guten Hirten gesprochen. – Das lateinische Wort für Hirte ist Pastor.

All das bildet den Hintergrund für das einfache und gerade dadurch schöne Volkslied „Was soll das bedeuten?“ Es stammt wohl aus einem volkstümlichen Hirtenspiel in Österreich oder Schlesien. Der leicht tänzelnde Dreier-Takt weist auf einen schreitenden Reigentanz hin. Vielleicht wurde das Lied tanzend in oder vor der Kirche aufgeführt. Es erscheint 1842 in der Sammlung der „Schlesischen Volkslieder“ von Hoffmann von Fallersleben und Ernst Richter. Aber Flugblätter mit dem Lied gab es schon weit vorher. Sie gehen bis auf das Jahr 1656 zurück – und stammen aus dem Österreichischen.

Im Christentum beschreibt Licht immer positive, den Menschen auf seinem Weg weiterbringende Eigenschaften wie Erkenntnis, Wahrheit, Heil, Wegweisung und Aufklärung.[14]
Und in den Kirchenräumen ist das Licht bis heute ein Symbol für Gottes Gegenwart. So sind Zeiten und Räume christlichen Gottesdienstes auch abhängig vom Licht: Das Osterfest wird gefeiert am Sonntag nach dem Frühlingsvollmond, Kirchengebäude sind oft zur aufgehenden Sonne hin orientiert.

Was soll das bedeuten?

Was soll das bedeuten? Es taget ja schon.
Ich weiß wohl, es geht erst um Mitternacht rum.
Schaut nur daher. Schaut nur daher.
Wie glänzen die Sternlein je länger, je mehr.

Treibt z'sammen, treibt z'sammen die Schäflein fürbaß!
Treibt z'sammen, treibt z'sammen, dort zeig ich euch was:
Dort in dem Stall, dort in dem Stall
werdet Wunderding sehen, treibt z'sammen einmal!

Ich hab nur ein wenig von weitem geguckt,
da hat mir mein Herz schon vor Freuden gehupft:
Ein schönes Kind, ein schönes Kind
liegt dort in der Krippe bei Esel und Rind.

Ein herziger Vater, der steht auch dabei,
ein' wunderschön' Jungfrau kniet auch auf dem Heu.
Um und um singt's, um und um klingt's:
Man sieht ja kein Lichtlein, so um und um brinnt's.

Das Kindlein, das zittert vor Kälte und Frost.
Ich dacht mir: „Wer hat es denn also verstoßt,
dass man auch heut', dass man auch heut'
ihm sonst auch keine andere Herberg' anbeut?"

So gehet und nehmet ein Lämmlein vom Gras
und bringet dem schönen Christkindlein etwas!
Geht nur fein sacht, geht nur fein sacht,
auf dass ihr dem Kindlein kein Unruh' nicht macht!

Text und Melodie: Volkslied aus dem 17. Jahrhundert

Tochter Zion

Nationaler Taumel, patriotische Ergriffenheit, Union-Jack-Fahnen werden geschwenkt. Nein, wir sind nicht in einem Fußballstadion beim Singen der Nationalhymne. Was sich hier ereignet, ist das alljährlich wiederkehrende Ritual, mit dem man in der Londoner Royal Albert Hall die traditionelle Sommerkonzertreihe *„Last Night of the Proms"* beschließt. Mit patriotischen Gesängen feiert man sich und sein Land. Unmittelbar vor dem legendären Lied, der „inoffiziellen Nationalhymne" *„Rule, Britannia!"* erklingt ein musikalisches Thema, das uns bekannt ist: *„Tochter Zion, freue dich …"*
Einen weiten Weg hat dieses Lied zurückgelegt. Seinen Anfang nimmt es 1747 bei Georg Friedrich Händel (1685–1759) in dessen Oratorium „Joshua". 1751 widmet Händel sein Werk – nun unter dem Namen *„Judas Maccabaeus"* – William Duke of Cummerland, der 1746 die Schotten vernichtend geschlagen hatte. Die Hymne (*„See, the conquering hero comes"* – *„Seht, er kommt mit Preis gekrönt"*) bezieht sich also auf den jüdischen Freiheitskämpfer – und auf „William the Butcher" („Schlächter"). Keine idealen Startbedingungen für ein geistliches Lied.

Um 1820 kommen in Erlangen auf Einladung von Karl Georg von Raumer die Mitglieder seines musikalischen Salons zusammen. Ihnen stellt der evangelische Theologe Friedrich Heinrich Ranke (1798–1876) seine christliche Umdichtung vor, der er drei weitere Strophen beifügt. Sie fußt auf Sacharja 9, 9 und besingt das kommende, ewige Friedensreich Christi. Schnell wird das neue Lied populär und findet seinen Platz in den Gesangbüchern. „Tochter Zion, freue dich" ist geboren.
Aber – wann singt man es eigentlich? Die Überschrift, unter der es 1826 in der Sammlung *„Christliche, liebliche Lieder"* erstmals gedruckt wird, lautet: *„Am Palmsonntage"*. So ist dieses Lied ein kirchenjahreszeitlicher „Grenzgänger", den wir am Palmsonntag und in der Advents- und Weihnachtszeit singen.

Im weltweiten ökumenischen Kontext wird das Lied mit einem Ostertext zu allen (Kirchen-)Jahreszeiten gesungen: „A toi la gloire, ô Ressuscité" ist die ökumenische Hymne, die häufig bei der Eröffnung und am Schluss von großen Versammlungen des Ökumenischen Rates der Kirchen gesungen wird: „Dir, Auferstandener, sei der Lobgesang".[15]
Ursprünglich enthielt *„Tochter Zion, freue dich"* noch eine weitere Strophe, die zwischen den 2. und 3. Strophe lag: *„Sieh! er kömmt demüthiglich. Reitet auf dem Eselein. Tochter Zion freue dich! Hol ihn jubelnd zu dir ein."* Diese Strophe fand offenbar bei der ersten Drucklegung keine Berücksichtigung. Friedrich Heinrich Ranke hat noch weitere Liedtexte verfasst, die aber weitgehend vergessen sind. Eine wichtige Ausnahme ist *„Herbei, o ihr Gläubigen"* nach dem lateinischen *„Adeste Fideles"* (EG 45). Auch hier ist der hymnische Ton unüberhörbar.

Tochter Zion

Tochter Zion, freue dich,
jauchze laut, Jerusalem!
Sieh, dein König kommt zu dir,
ja er kommt, der Friedefürst.
Tochter Zion, freue dich,
jauchze laut, Jerusalem!

Hosianna, Davids Sohn,
sei gesegnet deinem Volk!
Gründe nun dein ewig Reich,
Hosianna in der Höh!
Hosianna, Davids Sohn,
sei gesegnet deinem Volk!

Hosianna, Davids Sohn,
sei gegrüßet, König mild!
Ewig steht dein Friedensthron,
du, des ewgen Vaters Kind.
Hosianna, Davids Sohn,
sei gegrüßet, König mild!

Text: Friedrich Heinrich Ranke (um 1820)
Melodie: Georg Friedrich Händel (1747)

Das Osterlied
aus dem Schweizer Gesangbuch

Dir, Auferstandner, sei der Lobgesang,
dir, dem Auferweckten, der den Tod bezwang.
Steigt im Licht ein Engel aus der Höh herab,
und er wälzt den schweren Stein hinweg vom Grab.
Dir, Auferstandner, sei der Lobgesang,
dir, dem Auferweckten, der den Tod bezwang.

Sieh ihn erscheinen, zweifle nicht daran,
schau auf ihn, den Einen, der dich retten kann.
Gottes Volk, sei heiter: Er ist's, Jesus Christ.
Sag es herzhaft weiter, dass er Sieger ist.
Dir, Auferstandner, sei der Lobgesang,
dir, dem Auferweckten, der den Tod bezwang.

Er lebt nun ewig; ist mir da noch bang?
Diesem Friedenskönig dien ich lebenslang.
Er ist mein Genügen; bang ist mir nicht mehr.
Dasein und Vermögen, meine Ehr ist er.
Dir, Auferstandner, sei der Lobgesang,
dir, dem Auferweckten, der den Tod bezwang.

Text: Fritz Gafner (1987/1989)
Melodie: Georg Friedrich Händel (1747)

Ihr Kinderlein kommet

Kopenhagen im Jahr 1794. Der Hofkapellmeister Johann Abraham Schulz (1747–1800) komponiert eine Melodie für das Frühlingsgedicht *„Wie reizend, wie wonnig ist alles umher“* von Wilhem Gottlieb Becker (1753–1813). Fast zeitgleich (1798) verfasst der katholische Pfarrer Christoph von Schmid (1747–1800) in Thannhausen/Schwaben das Gedicht: „Die Kinder bey der Krippe“. Es ist ein „Krippenbild-Lied“, bei dem Kinder die Weihnachtsgeschichte szenisch darstellen. Die Melodie ist unbekannt geblieben.

Wie es dazu gekommen ist, dass sich die Melodie aus dem Norden und der Text aus dem Süden 1832 in Westfalen treffen, kann man nur vermuten. Ihre Verbindung bringt eines der schönsten und beliebtesten deutschen Weihnachtslieder hervor: *„Ihr Kinderlein, kommet …“.*

Szenenwechsel: Gerade 22 Jahre als ist Friedrich Hermann Eickhoff (1807–1886), als er in Gütersloh seine erste Stelle antritt. Der Lehrer und Organist prägt fast sechs Jahrzehnte lang als anerkannter Pädagoge und Kirchenmusiker das Schul- und Chorwesen der Stadt. Er ist weder Dichter noch Komponist, aber er hat die Gabe, Worte silbengenau so unter Noten zu setzen, dass der Text und die Melodie sich zu einer „stimmigen Harmonie“ verbinden. So pflanzt Eickhoff das neue Lied „Ihr Kinderlein kommet“ in die Herzen der Menschen – und so nimmt es ab hier seinen Lauf als geistliches Volkslied zur Weihnachtszeit.

Später hat man es in den Rang eines Kirchenliedes erhoben. Die Urheberschaft von Eickhoff wird allerdings nicht gewürdigt: *„Geistlich Gütersloh 1832“*, heißt es im „Evangelischen Gesangbuch“ bzw. im katholischen „Gotteslob“. So trifft Friedrich Hermann Eickhoff das Los vieler Volksliedermacher: Er geht nur als anonyme „Fußnote“ in die Musikgeschichte ein.

Carl Bertelsmann, der Schwiegervater von Friedrich Hermann Eickhoff, gründet 1835 in Gütersloh sein Verlagshaus. Einer der ersten „Beststeller“ wird Eickhoffs Liedersammlung, die unter dem griffigen Titel *„Sechzig deutsche Lieder für dreißig Pfennig“* reißenden Absatz findet. In ihr wird die von ihm erschaffene Kombination von Text und Melodie von *„Ihr Kinderlein, kommet“* erstmals abgedruckt.

Ihr Kinderlein kommet

Ihr Kinderlein, kommet, o kommet doch all,
zur Krippe her kommet in Bethlehems Stall
und seht, was in dieser hochheiligen Nacht
der Vater im Himmel für Freude uns macht.

O seht in der Krippe im nächtlichen Stall,
seht hier bei des Lichtleins hellglänzendem Strahl
in reinlichen Windeln das himmlische Kind,
viel schöner und holder, als Engel es sind.

Da liegt es, das Kindlein, auf Heu und auf Stroh,
Maria und Joseph betrachten es froh,
die redlichen Hirten knien betend davor,
hoch oben schwebt jubelnd der Engelein Chor.

O beugt wie die Hirten anbetend die Knie,
erhebet die Hände und danket wie sie;
stimmt freudig, ihr Kinder, wer wollt sich nicht freun?
Stimmt freudig zum Jubel der Engel mit ein.

Manch Hirtenkind trägt wohl
mit freudigem Sinn,
Milch, Butter und Honig
nach Bethlehem hin;
ein Körblein voll Früchte,
das purpurrot glänzt,
ein schneeweißes Lämmchen
mit Blumen bekränzt.

O betet: Du liebes, du göttliches Kind,
was leidest du alles für unsere Sünd!
Ach hier in der Krippe schon Armut und Not,
am Kreuze dort gar noch den bitteren Tod.

Was geben wir Kinder, was schenken wir dir,
du bestes, du liebstes der Kinder dafür?
Nichts willst du von Schätzen
und Reichtum der Welt,
ein Herz nur voll Demut allein dir gefällt.

So nimm unsre Herzen zum Opfer denn hin;
wir geben sie gerne mit fröhlichem Sinn.
Ach mache sie heilig und selig wie deins
und mach sie auf ewig mit deinem nur eins.

Text: Christoph von Schmid (1811), Friedrich Hermann Eickhoff (1832)
Melodie: Johann Abraham Peter Schulz (1794)

Die kursiv gesetzten Strophen sind nicht im Evangelischen Gesangbuch abgedruckt, im Gotteslob fehlt zusätzlich die zweite Strophe.

Alle Jahre wieder

Die einen bewahren das Lied als eine kostbare Kindheitserinnerung. Wie ein sehnsüchtig erwarteter Lebensbegleiter stellt sie sich bei ihnen *alle Jahre wieder* ein. Die anderen lassen es über sich ergehen, das aus ihrer Sicht scheinbar Unvermeidliche, was diese Worte bei ihnen auslöst: *Alle Jahre wieder* Weihnachtsstress, Geld ausgeben, Enge auf den Straßen und in den Geschäften.

„Alle Jahre wieder" – ist das nun ein Stoßseufzer oder ein Ausruf der Freude? So oder so: Die ersten Worte eines der bekanntesten Weihnachtsliedes haben als geflügeltes Wort Eingang in unseren Sprachschatz gefunden.

Wilhelm Hey (1789–1854), dem wir das Lied verdanken, sind diese Gedanken fremd. Ihm geht es allein darum, mit seinem einfachen Weihnachtslied die Herzen der Menschen zu erreichen – vor allem die der Kinder. Wir würden ihn heute als einen „Sozialreformer der ersten Stunde" bezeichnen.

Denn die in der ersten Hälfte des 19. Jahrhunderts einsetzende Industrialisierung mit ihren zunehmenden sozialen Problemen ruft Wilhelm Hey auf den Plan: In Ichtershausen bei Erfurt, wo er als Pfarrer, Superintendent und Pädagoge lebt und wirkt, gründet er ein Kinderheim für arbeitende Mütter, eine Schule der Lehrlinge und eine Hilfskasse für Handwerker. Ihnen allen erweist er sich als handfest handelnder Seelsorger. Sein sozial-diakonisches Engagement gründet sich dabei auf einen einfachen biblischen Glauben: Er vertritt eine lebendige und unverkopfte Theologie, die den Menschen Trost und Halt im Glauben gibt.[16]

Was Wilhelm Hey als Glaubensgewissheit vermitteln möchte, hat er in der 3. Strophe seines Liedes in Worte gefasst, die immer noch berühren – *alle Jahre wieder*. Man könnte sie ein „Glaubensbekenntnis" nennen, das nicht nur über der Weihnachtszeit steht, sondern auch über unserem ganzen Leben:

„Steht auch mir zur Seite, still und unerkannt, dass es treu mich leite an der lieben Hand."

Neben *„Alle Jahre wieder"* hat Wilhelm Hey uns noch einen weiteren „Klassiker" hinterlassen, der es sogar in das Evangelische Gesangbuch geschafft hat: *„Weißt du, wieviel Sternlein stehen"* (EG 511). Beide Lieder sind mit ihren eingängigen und ansprechenden Texten zu Volksliedern geworden.

Daran hat auch die Melodie von *„Alle Jahre wieder"* einen großen Anteil. Sie stammt von dem „schwäbischen Sängervater" Friedrich Silcher (1789–1860), dem großen Förderer des Chor- und Singewesens. Von ihm stammen u.a. auch die Melodien zu *„Ich weiß nicht, was soll es bedeuten", Der Mai ist gekommen", „In einem kühlen Grunde"* und *„So nimm denn meine Hände"*.

Im Jahre 1847 verleiht die Theologische Fakultät der Universität Heidelberg Wilhelm Hey die Ehrendoktorwürde als *„einen um ganz Deutschlands Jugend hochverdienten Mann"*.

A
L L E
J A H R E
W I E D E R
BUTZ

Alle Jahre wieder

Alle Jahre wieder
kommt das Christuskind
auf die Erde nieder,
wo wir Menschen sind.

Kehrt mit seinem Segen
ein in jedes Haus,
geht auf allen Wegen
mit uns ein und aus.

Ist auch mir zur Seite
still und unerkannt,
dass es treu mich leite
an der lieben Hand.

Text: Wilhelm Hey (1837)
Melodie: Friedrich Silcher (1842)

O du fröhliche

Ein Heiligabendgottesdienst ohne dieses Lied ist fast undenkbar. Dabei ist es ursprünglich gar kein Weihnachtslied. Die Fischer Siziliens sangen es, wenn sie aufs Meer fuhren: „O Sanctissima..." Johann Daniel Falk, satirischer Schriftsteller in Weimar, nimmt zusammen mit seiner Frau Karoline Straßenkinder bei sich auf und pflegt sie gesund, nachdem vier eigene Kinder an einer Seuche gestorben waren.

Ein Junge aus Italien, der bei Falk wohnt, singt ihm das Lied der Fischer vor. - „Wunderbar", denkt Falk. Das Lied geht ihm nicht aus seinem Kopf. Es beginnt fieberhaft in ihm zu arbeiten. Im wahrsten Sinne des Wortes. Denn Falk ist krank. So formt sich zu der Melodie der sizilianischen Fischer ein neuer Text:

> *„O du fröhliche, o du selige,*
> *gnadenbringende Weihnachtszeit!"* ...

Doch Weihnachten steht nicht allein für das, was Gott uns schenkt. So dichtet er weiter:

> *„O du fröhliche, o du selige, gnadenbringende Osterzeit."* ... – und: *„O du fröhliche, o du selige, gnadenbringende Pfingstenzeit!"*

Wie wir wissen, ist damit die Geschichte der Liedentstehung nicht zu Ende. Denn das Lied „O du fröhliche" singt sich ja so wunderbar. Und nur *eine* Weihnachtsstrophe – das ist ja auch ein bisschen wenig, wenn es im Weihnachtsgottesdienst gesungen werden soll. So setzt sich Heinrich Holzschuher, ein Mitarbeiter Falks, 13 Jahre später hin, um die beiden Weihnachtsstrophen zu schreiben, die wir bis heute singen – neben der ersten Strophe von Johann Daniel Falk.

„O du fröhliche" gehört zu den Liedern, die immer weitergeschrieben wurden: Es ist z.B. ein komplettes Osterlied mit drei Strophen zu der Melodie entstanden. Und es gibt selbst eine Strophe über Martin Luther und Katharina von Bora.

Als Weihnachtslied hat es sich durchgesetzt. Andere Strophen sind dann wieder in Vergessenheit geraten. Aber das muss ja nicht so bleiben.

Johann Gottfried Herder prägt übrigens 1773 den Begriff *Volkslied* – in übersetzender Anlehnung an den englischen Begriff *popular song* – und bezeichnet damit die „leichte Sangbarkeit, die Herkunft aus dem Volk und die Anonymität", aber auch eine volksnahe Auffassung von lyrischer Dichtung generell.

Übrigens findet Johann Daniel Falk die Melodie, die ihm der italienische Junge vorgesungen hat, später in einem Volksliederbuch seines Freund Herder wieder. Auf seiner Reise durch Sizilien hört Herder den Fischern zu und findet dort die Melodie. „Eines der schönsten italienischen Volkslieder", schwärmt er.

O du fröhliche

O du fröhliche, o du selige,
gnadenbringende Weihnachtszeit!
Welt ging verloren, Christ ist geboren:
Freue, freue dich, o Christenheit!

O du fröhliche, o du selige,
gnadenbringende Weihnachtszeit!
Christ ist erschienen, uns zu versühnen:
Freue, freue dich, o Christenheit!

O du fröhliche, o du selige,
gnadenbringende Weihnachtszeit!
Himmlische Heere jauchzen dir Ehre:
Freue, freue dich, o Christenheit!

**Text: Strophe 1 Johannes Daniel Falk (1816);
Strophe 2-3 Heinrich Holzschuher (1829)
Melodie: Sizilien vor 1788, bei Johann
Gottfried Herder (1807)**

Martin Luther-Strophe

O du fröhliche, o du selige,
gnadenbringende Martinszeit!
Bahn war verloren, Licht ist geboren:
Freue, freue dich, o Christenheit!

Katharina von Bora-Strophe

O du fröhliche, o du selige,
gnadvielwillkommen edle Magd,
Luthern zur Seite, sei dir auch heute,
Bora, freundlich ein Gruß gesagt!

Autoren unbekannt

Der ursprüngliche Text von Johann Daniel Falk

O du fröhliche, o du selige,
gnadenbringende Weihnachtszeit!
Welt ging verloren, Christ ist geboren:
Freue, freue dich, o Christenheit!

O du fröhliche, o du selige,
gnadenbringende Osterzeit.
Welt liegt in Banden, Christ ist erstanden.
Freue, freue dich, o Christenheit!

O du fröhliche, o du selige,
gnadenbringende Pfingstenzeit!
Christ, unser Meister, heiligt die Geister:
Freue, freue dich, o Christenheit.

Der Ostertext

O du fröhliche, o du selige,
gnadenbringende Osterzeit!
Welt lag in Banden, Christ ist erstanden:
Freue, freue dich, o Christenheit!

O du fröhliche, o du selige,
gnadenbringende Osterzeit!
Tod ist bezwungen, Leben errungen:
Freue, freue dich, o Christenheit!

O du fröhliche, o du selige,
gnadenbringende Osterzeit!
Kraft ist gegeben, göttlich zu leben:
Freue, freue dich, o Christenheit.

Stille Nacht

Die Geschichte von *„Stille Nacht“* beginnt fast genau vor 200 Jahren in der kleinen Dorfkirche zu Oberndorf nahe von Salzburg. Es heißt: das altersschwache Orgelpositiv hätte wieder einmal seinen Dienst verweigert. Ausgerechnet vor den Weihnachtstagen!

Der katholische Hilfspfarrer Joseph Mohr (1792–1848) bittet seinen Organisten Franz Xaver Gruber (1787–1863), eine Melodie zu einem selbstverfassten Weihnachtsgedicht zu komponieren. Am Heiligen Abend 1818 singen Mohr und Gruber das neue Lied selbst zur Gitarre. Ein Chor beschließt jede der sechs Strophen, indem er die letzte Textzeile wie ein Echo wiederholt.

In der Zeit nach der Niederwerfung Napoleons sind die Menschen ergriffen und spüren: Dieses Lied bringt unsere Sehnsucht nach einem Frieden zum Ausdruck, der *mehr* ist als das Ergebnis diplomatischer Verhandlungen – wie zum Beispiel beim Wiener Kongress 1814/15. Es geht um *den* Frieden, den Gott in dieser heiligen Nacht allen Menschen und Völkern zuspricht, dass sie als Versöhnte wieder aufeinander zugehen können.

„Stille Nacht, heilige Nacht“ – Wie kaum ein anderes hat dieses Lied Eingang in die Herzen der Menschen gefunden. Menschen singen es auf der ganzen Welt und lassen sich von der schlichten Sprache und der einfühlsamen Melodie berühren. Eine „innere Beheimatung“ könnte man es nennen, denn wer immer dieses Lied hört oder singt, ist „zu Hause“, ist geborgen in einem Seelenfrieden, der Raum und Zeit hinter sich lässt.
In über 300 Sprachen und Dialekte hat man es übersetzt. Eine „Internationale“ zur Weihnachtszeit. Und immer noch erreicht ihre weihnachtliche Botschaft „Frieden auf Erden!“ die Menschen und führt sie zusammen.

Weihnachtsfrieden
Am Heiligen Abend 1914 legen englische und deutsche Soldaten an etlichen Frontabschnitten der Westfront ihre Waffen nieder und verbrüdern sich. Zunächst singen sie in den eigenen Schützengräben für sich *„Stille Nacht“ – „Silent Night, Holy Night“*. Dann singen alle gemeinsam. Schließlich geht man aufeinander zu und trifft sich in der Mitte des „Niemandslandes“. Zigaretten werden getauscht, Familienbilder herumgereicht. Und immer wieder: *„Stille Nacht“ – „Silent Night, Holy Night“* …
Nach den Weihnachtstagen stellen die jeweiligen Armeeführungen künftige „Verbrüderungen“ unter harte Strafe – auch und gerade an Weihnachten.

Stille Nacht

Stille Nacht, heilige Nacht!
Alles schläft, einsam wacht
nur das traute, hochheilige Paar.
Holder Knabe im lockigen Haar,
schlaf in himmlischer Ruh,
Schlaf in himmlischer Ruh.

Stille Nacht! Heilige Nacht!
Die der Welt Heil gebracht,
aus der Himmels goldenen Höh'n
uns der Gnade Fülle lässt seh'n
Jesum in Menschengestalt,
Jesum in Menschengestalt!

Stille Nacht! Heilige Nacht!
Wo sich heut alle Macht
väterlicher Liebe ergoss
und als Bruder huldvoll umschloss
Jesus die Völker der Welt,
Jesus die Völker der Welt!

Stille Nacht! Heilige Nacht!
Lange schon uns bedacht,
als der Herr vom Grimme befreit
in der Väter urgrauer Zeit
aller Welt Schonung verhieß,
Aller Welt Schonung verhieß!

Stille Nacht, heilige Nacht!
Hirten erst kundgemacht
durch der Engel Halleluja
tönt es laut von fern und nah:
Christ, der Retter ist da,
Christ, der Retter ist da!

Stille Nacht, heilige Nacht!
Gottes Sohn, o wie lacht
Lieb aus deinem göttlichen Mund,
da uns schlägt die rettende Stund,
Christ, in deiner Geburt,
Christ, in deiner Geburt.

Text: Joseph Mohr (1816 / 1838)
Melodie: Franz Xaver Gruber (1818 / 1838)

Die kursiv gesetzten Verse finden wir weder im Evangelischen Gesangbuch noch im Gotteslob. Im Original kam die letzte Strophe gleich nach der ersten.

„Von wegen ›Stille Nacht‹!“

Lasst uns froh und munter sein

Lied zum Nikolaustag und zum Martinstag

Der 6. Dezember. Nikolaustag. Am Vorabend werden ein Schuh oder ein Teller ins Fenster gestellt. Und mancherorts kommt der Nikolaus sogar noch selbst. Aber das ist nicht mehr so häufig der Fall. Der Weihnachtsmann hat ihm seit dem 19. Jahrhundert immer mehr den Rang abgelaufen.
Den Nikolaus gab es wirklich. Vor etwa 1700 Jahren lebte er in der Türkei. Er war Bischof von Myra. An einem 6. Dezember ist er gestorben. Man sagt über ihn: Er sorgte für die Menschen, die seine Hilfe dringend brauchten.
Viele Geschichten erzählen davon: Während einer großen Hungersnot erfährt der Bischof, dass ein Schiff im Hafen angekommen ist. Es hat Getreide für den Kaiser in Byzanz geladen. Nikolaus bittet die Seeleute: „Ladet einen Teil des Kornes aus. So helft ihr uns in der Not." Aber die Seeleute weisen die Bitte zurück: „Nein, das können wir nicht. Wir müssen das Korn genau abgewogen beim Kaiser abliefern." Der Bischof verspricht: „Es wird euer Schade nicht sein. Ihr werdet genug abliefern." Als die Seeleute später in der Hauptstadt ankommen, trauen sie ihren Augen nicht. Das Gewicht der Ladung hat sich trotz der entnommenen Menge nicht um ein Gramm verändert.
Das Korn reicht in Myra – sage und schreibe – volle zwei Jahre. Und die Menschen haben wieder Hoffnung.
Dinge, die das Leben versüßen, die kleinen Geschenke sind bis heute geblieben. Und im Laufe der Jahrhunderte sind viele Lieder um dieses Geschehen herum entstanden. Das bekannteste ist „Lasst uns froh und munter sein". Es stammt aus dem 19. Jahrhundert. Den Autor kennen wir nicht. Vielleicht war er Lehrer im Hunsrück. Das Lied gehört bis heute – wie die Leckereien – zum Nikolaustag dazu.

Eine zweite Geschichte. Wir verbinden sie mit dem 11. November, dem Martinstag – und auch mit einem „guten Geist" wie es Bischof Nikolaus war.

Der Tag geht auf Martin von Tours zurück. Martin wird um 316 in Ungarn geboren. Mit 15 Jahren kommt er zur Reiterei, wird bald Offizier und in seiner Abteilung nach Frankreich beordert. Einmal reitet Martin – kaum 18 Jahre alt – auf einem Pferd durch Schnee und Wind zu seinem Quartier. Er spürt die Kälte nicht. Denn sein roter, weiter Umhang hält ihn warm. Am Stadttor der französischen Stadt Amiens sieht er plötzlich im Schnee einen nur mit Lumpen bekleideten Bettler sitzen, der entsetzlich friert. Martin lässt sein Pferd anhalten. Er teilt ohne zu zögern mit dem Schwert seinen Mantel – und gibt dem Bettler die Hälfte. Der arme Mann ist überglücklich und möchte dem guten Soldaten danken. Aber da ist er schon wieder weg. In der nächsten Nacht soll ihm dann der Heiland erschienen sein. Der hatte den halben Mantel an, den Martin dem Bettler geschenkt hatte. Und er hört, wie der Heiland zu seiner Engelschar sagt: „Seht, das ist Martin. Der hat mir den Mantel geschenkt und die Liebestat vollbracht."
Kurze Zeit später wird Martin getauft. Er ist 18 Jahre alt, tritt aus dem Militär aus. Denn er sagt: „Soldat sein und Christsein lässt sich nicht miteinander vereinbaren."
Die Geschichte von Martin und dem Bettler – und viele andere – verbreiten sich wie ein Lauffeuer. Nachdem in Tours der Bischof verstorben war, will das Volk Martin als Bischof. Er streubt sich, denn er liebt die Abgeschiedenheit, wird dann aber doch zum neuen Bischof gewählt. Seine Wundergabe, die er von Gott hat, nutzt er weiter zur Bekehrung von Menschen. Viele Kranke werden wieder gesund.

Am 8. November 397 stirbt Martin. Er wird am 11. November unter großer Anteilnahme der Menschen beerdigt.

Die geistige und geistliche Verwandtschaft von Nikolaus und Martin hat wohl auch August Stapper gespürt. Er schreibt 1855 einen „Martins-Text" zu der Melodie „Lasst uns froh und munter sein".

Im Kirchenjahr, das mit dem 1. Advent beginnt, gibt es zwei große Zeit-Kreise, den Osterfestkreis und den Weihnachtsfestkreis, beginnend mit der Adventszeit. Beide Zeit-Kreise zielten einmal auf einen Taufsonntag: Ostern und Epiphanias, den „orthodoxen" Weihnachtstermin am 6.1. – Das waren die beiden Termine, an denen die „Katechumenen" (die Menschen, die Taufunterricht erhielten) getauft wurden. Die Adventssonntage wie die Passionssonntage waren also durch die Vorbereitungszeit auf die Taufe geprägt – deshalb auch die „Bußzeit" bzw. „Fastenzeit".
Die Fastenzeit – beginnend nach dem *Martinstag* – betrug wie die vorösterliche Fastenzeit sechs Wochen.

Lasst uns froh und munter sein

Lasst uns froh und munter sein
und uns recht von Herzen freu'n.
[in dem Herrn erfreu'n.]
Refrain:
Lustig, lustig, traleralala.
Bald ist Nikolausabend da.

Bald ist uns're Schule aus,
dann ziehn wir vergnügt nach Haus.
…

Dann stell ich den Teller auf.
Niklaus legt gewiss was drauf.
…

Steht der Teller auf dem Tisch,
sing ich nochmals froh und frisch:
…

Wenn ich schlaf, dann träume ich:
Jetzt bringt Nik'laus was für mich.
…

Wenn ich aufgestanden bin,
lauf ich schnell zum Teller hin.
…

Nik'laus ist ein guter Mann,
dem man nicht g'nug danken kann.
…

Text und Melodie: in der ersten Hälfte des 19. Jahrhunderts

Das Martinslied

Lasst uns froh und munter sein
und uns heut von Herzen freun!
Refrain:
Lustig, lustig tralleralala,
nun ist Martinsabend da.

Nehmt den Kürbis in die Hand,
rasch die Kerzen angebrannt!
Lustig, lustig tralleralala,
nun ist Martinsabend da.

Springen wolln wir kreuz und quer
übers liebe Kerzlein her.
…

Allen Kindern nun zum Spaß
wirft auch Sankt Martinus was.
…

Und dann backt nach altem Brauch
uns die Mutter Kuchen auch.
…

Nach der Freude danken wir
unserm lieben Gott dafür.

…

Text: August Stapper (1855)

BUTZ

Maria durch ein Dornwald ging

Auch in den Tagen nach Weihnachten steht die Krippe noch da. In der Mitte: Maria und das Kind.

In dem Volkslied aus dem Eichsfeld ist die Umgebung für die beiden eine andere:
„Maria durch ein *Dornwald* ging..." – das ist ein Bild dafür, dass Maria es nicht einfach hatte in ihrem Leben. Als sie ein junges Mädchen ist, vielleicht 15, kommt der Engel mit seiner Botschaft: „Du kriegst ein Kind. Du – zusammen mit dem Heiligen Geist. Dieses Kind wird die Welt verändern."

In unserem Lied erklingt immer wieder das „Kyrieleis" – ein Hinweis darauf, dass Maria immer wieder in ihrem Leben die Hilfe Gottes, das „Herr, erbarme dich" brauchte.
Und dann tragen die Dornen Rosen… – das ist ein wunderschönes Bild für alle Situationen, in denen Maria etwas von *Gottes Welt* gesehen, gefühlt, erlebt, gesungen hat… Zeiten, in denen ihr Leben aufblühte – auch durch das, was sie mit ihrem Sohn erlebte.

Frauen und Mädchen im Eichsfeld haben das Lied in ihren Dörfern ursprünglich unter den Fenstern oder an den Türen der Häuser gesungen, wird um 1840 berichtet. So um Silvester. Denn acht Tage nach Weihnachten gibt es das Fest der Namensgebung Jesu: *„Wie soll dem Kind sein Name sein?"* – heißt es in der vierten Strophe des Liedes. Die Antwort: *„Der Name, der soll Christus sein"*. Sie bildet eine der Kernaussagen des Liedes – erschienen in einem Kind: *„Das hat die Welt erlöst allein"*.

Wenn eine Strophe mit dem *Kyrieleis* endet, ist das ein Hinweis auf eine bestimmte Liedform. Sie nennt sich *Leise* und ist die Bezeichnung für ein (mittelalterliches) deutschsprachiges Kirchenlied. *Leisen* entstanden im 11. Jahrhundert als kurze, (oft einstrophige) Antwortgesänge in der Volkssprache auf Dinge, die im Gottesdienst musikalisch vorgetragen wurden. Sie wurden auch bei Prozessionen gesungen – und sind ein früher Ausdruck der Volksfrömmigkeit. Die *Leisen* gelten als Wegbereiter des (evangelischen) Kirchenliedes. Die Tatsache, dass „Maria durch ein Dornwald ging" eine *Leise* ist, weist darauf hin, dass es im Kern wesentlich älter ist – und vielleicht einmal ein Wallfahrtslied war.

6

Maria durch ein Dornwald ging

Maria durch ein Dornwald ging.
Kyrieleison.
Maria durch ein Dornwald ging,
der hat in sieben Jahren kein Laub getragen.
Jesus und Maria.

Was trug Maria unter ihrem Herzen?
Kyrieleison.
Ein kleines Kindlein ohne Schmerzen,
das trug Maria unter ihrem Herzen.
Jesus und Maria.

Da haben die Dornen Rosen getragen.
Kyrieleison.
Als das Kindlein durch den Wald getragen,
da haben die Dornen Rosen getragen.
Jesus und Maria.

Wie soll dem Kind sein Name sein?
Kyrieleison.
Der Name, der soll Christus sein.
Das war vom Anfang der Name sein.
Jesus und Maria.

Wer soll dem Kind sein Täufer sein?
Kyrieleison.
Das soll der Sankt Johannis sein,
der soll dem Kind sein Täufer sein.
Jesus und Maria.

Was kriegt das Kind zum Patengeld?
Kyrieleison.
Den Himmel und die ganze Welt,
die kriegt das Kind zum Patengeld.
Jesus und Maria.

Wer hat erlös't die Welt allein?
Kyrieleison.
Das hat getan das Christkindlein,
das hat erlös't die Welt allein –
Jesus und Maria.

Text und Melodie: Volkslied aus dem Eichsfeld

Kommet, ihr Hirten

„Kommet, ihr Hirten“. Dieser Hirtenreigen war ursprünglich ein anmutiger Schreittanz. Ein böhmisches Volkslied, viel älter als die Übertragung des Leipziger Komponisten und Musikprofessors Carl Riedel aus dem Jahr 1870 vermuten lässt.
Wie viele andere Volkslieder wurde es immer wieder mündlich weitergegeben, ehe es dann irgendwann auf einem Flugblatt zu finden war – heute wären das Liederzettel für einen Gottesdienst oder für ein gemeinsames Singen. Und irgendwann wurde es dann von einem Volksliedsammler gefunden, noch einmal bearbeitet und in ein Liederbuch gebracht.
Bauernmusikanten, die zum Tanz aufspielten, Straßenhändler und Handwerker, vor allem die fahrenden Sänger waren es, die solche Volkslieder verbreiteten – mit ihren Dudelsäcken, Flöten und Trommeln, Fiedeln, Harfen und Lauten (später dann mit Gitarren).[17]
Bei „Kommet, ihr Hirten“ kann man sich besonders gut vorstellen, wie jemand auf dem Marktplatz das Lied anstimmt. Wörtlich übersetzt heißt es zu Beginn: „Wir bringen euch neue Kunde! Hört zu!“
Von dort aus gelangten die Lieder dann in die Familien und Kirchen, wo sie abends oder bei Festen gesungen wurden. Um Weihnachten herum war auch damals schon eine „Hoch-Zeit“ des Singens.
Im Gottesdienst allerdings waren solche Lieder tabu. Erst Martin Luther sorgte dafür, dass auch Volkslieder ihren Platz im Gottesdienst fanden. Denn ihm war wichtig, dass das Lebensgefühl der Menschen im Gottesdienst zu Hause war. Und das mit all den Gaben, die bei jedem Menschen einzigartig „versammelt“ sind – so wie jede Person ihren einzigartigen Platz bei Gott hat, von ihm geliebt und angenommen. Mit all unseren Gaben wollen, sollen und dürfen wir Gott loben und von ihm erzählen.
Auch mit dem Lied „Kommet, ihr Hirten“.

Das Lied wurde ursprünglich zu einem Bordun gesungen. Der ist z.B. auf einer Fiedel oder mit einem Dudelsack gut darstellbar: Ein tiefer Grundton erklingt die ganze Zeit – manchmal auch noch die Quinte. Dazu wird dann die Melodie gesungen.

Kommet, ihr Hirten

Kommet, ihr Hirten, ihr Männer und Fraun,
kommet, das liebliche Kindlein zu schaun.
Christus, der Herr, ist heute geboren,
den Gott zum Heiland euch hat erkoren.
Fürchtet euch nicht!

Lasset uns sehen in Bethlehems Stall,
was uns verheißen der himmlische Schall.
Was wir dort finden, lasset uns künden,
lasset uns preisen in frommen Weisen.
Halleluja!

Wahrlich, die Engel verkündigen heut
Bethlehems Hirtenvolk gar große Freud:
Nun soll es werden Friede auf Erden,
den Menschen allen ein Wohlgefallen.
Ehre sei Gott!

Text: Carl Riedel (1870) nach einem Weihnachtslied aus Böhmen
Melodie: 17. Jahrhundert (?)

Lied der Weisen

Die *Weisen aus dem Morgenland* haben ihre eigene Weihnachtsgeschichte bekommen. Da gibt es keinen Stall, keine Krippe, keine Hirten und keinen Engel. Dafür aber einen Stern.
Die Weisen aus dem Osten sind neugierige Menschen: Sie forschen und suchen, halten Ausschau. Nach was, wissen wir nicht. Aber sie entdecken etwas, was sie erst recht auf die Suche schickt: den Stern.
Der Stern, dieses Gotteszeichen, lässt sie aufbrechen. Sie ziehen los und legen einen weiten Weg zurück, gehen durch Wüsten, über Grenzen. Und als sie meinen: Sie sind am Ziel, da geht die Suche von Neuem los – bis sie an völlig unerwarteter Stelle am Ziel sind.
Die Geschichte erzählt: Sie „gingen in das Haus und fanden das Kindlein mit Maria, seiner Mutter, und fielen nieder und beteten es an und taten ihre Schätze auf und schenkten ihm Gold, Weihrauch, und Myrrhe." (Matthäus 1,11)
Ihre Gaben stehen für das Leben: Das *Gold* ist ein Zeichen für den „Schatz", der ein Mensch dem anderen bedeuten kann. Seine Gaben können andere reich machen. Der *Weihrauch* spricht von unserer „Sehnsucht nach oben". Unsere Träume wandern in ein „Land", in dem unsere Beziehungen gelingen. Sehnsucht nach erfahrener Liebe. Die *Myrrhe* ist Zeichen des Leidens: Bitter ist ihr Geschmack. Bitteres mischt sich immer wieder in unser Leben. Die Weisen bringen mit ihren Gaben die unbeschönigte Wirklichkeit.
Es gibt kaum „bekannte" Volkslieder über die drei Weisen. Heinrich Heine hat 1826 ein etwas „augenzwinkerndes" Gedicht im Rahmen der 102 lyrischen Texte der „Heimkehr" in seinen ersten „Reisebildern" (und 1827 dann im „Buch der Lieder") veröffentlicht. Sie sind 1823/24 zwischen Lüneburg, Hamburg und Göttingen entstanden. Heinrich Heine selbst zeichnet eine „geistige Nähe" zu den Weisen aus: Er machte sich immer wieder auf, suchte sein Leben lang. Ihm zog der Stern „Freiheit" voran – und die Sehnsucht nach Gerechtigkeit.

Heinrich Heines Gedicht „Wo?", das auf seinem Grabmal (Montmartre/Paris) zu lesen ist, korrespondiert entfernt, aber dennoch beinahe augenfällig mit der Geschichte der Weisen:

Wo wird einst des Wandermüden
letzte Ruhestätte sein?
Unter Palmen in dem Süden?
Unter Linden an dem Rhein?

Werd ich wo in einer Wüste
eingescharrt von fremder Hand?
Oder ruh ich an der Küste
eines Meeres in dem Sand?

Immerhin mich wird umgeben
Gotteshimmel, dort wie hier,
Und als Totenlampen schweben
nachts die Sterne über mir.

Lied der Weisen

7

Die heil'gen drei Kön'ge aus Morgenland,
sie frugen in jedem Städtchen:
Wo geht der Weg nach Bethlehem,
ihr lieben Buben und Mädchen?

Die Jungen und Alten, sie wussten es nicht.
Die Könige zogen weiter.
Sie folgten einem goldenen Stern,
der leuchtete lieblich und heiter.

Der Stern blieb stehn über Josephs Haus.
Da sind sie hineingegangen.
Das Öchslein brüllte, das Kindlein schrie,
die heilgen drei Könige sangen.

Text: Heinrich Heine (1824)
Melodie: unbekannt

Gloria in excelsis Deo

Es ist eine feuchte und kalte Nacht. Eine Gruppe Hirten hat ein Feuer gemacht. Sie schauen in die Glut. Erzählen sich Geschichten. All das macht die Kälte der Nacht ein wenig erträglicher.
Auf einmal wird es taghell. Majestätisch stehen sie da – überall auf dem Feld: die Engel. Wie eine mächtige Armee des Himmels. So selbstverständlich, als wären sie schon immer da gewesen. Und einer erhebt die Stimme, ruft den Hirten zu:
„Habt keine Angst! Ich bringe Euch die gute Nachricht, die allen Völkern gilt. Denn Euch ist heute der Heiland geboren – der, der die Menschen heil macht. Geht nach Bethlehem und seht selbst: Ihr werdet finden das Kind in Windeln gewickelt und in einer Krippe liegen. Ehre sei Gott im Himmel. Sein Friede kommt auf die Erde zu den Menschen, weil er sie liebt."
Dann fangen die Engel an zu singen – mit tausend Stimmen: Gloria in excelsis Deo. Ehre sei Gott in der Höhe. Es klingt himmlisch. Als der letzte Ton verklungen ist, sind die Engel plötzlich wieder weg. Wie vom Erdboden verschwunden. Die Hirten sitzen um das Feuer. Keiner sagt ein Wort.[18]
Doch dann löst sich ihre Erstarrung. Sie jubeln: Diese frohe Botschaft gilt uns! Sie wird unser Leben verändern.
Und sie rennen aufgeregt los in Richtung Bethlehem, so schnell ihre Füße sie tragen.

Eines der bekanntesten und populärsten Lieder, das von dieser Begebenheit erzählt, führt uns nach Frankreich – in die Welt des Sonnenkönigs Ludwig XIV. im 18. Jahrhundert. Mit einem Lobpreis, wie er damals nach einem militärischen Sieg angestimmt wurde oder nach einem Friedensschluss. In dem Lied hören wir förmlich die frohe Botschaft von allen Bergen widerhallen – überall ist sie gegenwärtig. Aber in dem Lied geht es nicht um eine irdische Großmacht. Sondern darum, dass Gott mit der Geburt seines Sohnes die Welt verändert. Das Licht siegt über die Finsternis. Uns Menschen wird eine helle frohe Zukunft eröffnet.

Das *„Gloria in excelsis Deo"* nimmt uns hinein in den Lobgesang der Engel, aber auch in den Lobgesang der christlichen Gemeinde im Gottesdienst. Vielleicht gibt es auch deshalb so viele Übertragungen des Liedes – nicht nur ins Deutsche, sondern weltweit.

8

Gloria in excelsis Deo

Engel haben Himmelslieder
auf den Feldern angestimmt.
Echo hallt vom Berge wider,
dass es jedes Ohr vernimmt.
Gloria in excelsis Deo!
Gloria in excelsis Deo!

Hirten, was ist euch begegnet,
dass ihr so voll Jubel seid?
Gott hat euch die Welt gesegnet:
Christ erschien der Erdenzeit.
Gloria in excelsis Deo!
Gloria in excelsis Deo!

Er gibt allen Menschen Frieden,
die des guten Willens sind.
Freude wurde uns beschieden
durch ein neugebornes Kind.
Gloria in excelsis Deo!
Gloria in excelsis Deo!

Text: Liselotte Holzmeister (1951)
Melodie: Frankreich (18. Jahrhundert)

Der französische „Ur"text

Les anges dans nos campagnes
ont entonné l'hymne des cieux.
Et l'écho de nos montagnes
redit ce chant mélodieux:
Gloria in excelsis Deo!
Gloria in excelsis Deo!

Bergers, pour qui cette fête?
Quel est l'objet de tous ces chants?
Quel vainqueur, quelle conquête
mérite ces cris triomphants?
Gloria in excelsis Deo!
Gloria in excelsis Deo!

Ils annoncent la naissance
du libérateur d'Israël;
et pleins de reconnaissance
chantent en ce jour solennel.
Gloria in excelsis Deo!
Gloria in excelsis Deo!

Cherchons tous l'heureux village
qui l'a va naître sous ses toits;
offrons-lui tendre hommage
et de nos cœurs et de nos voix.
Gloria in excelsis Deo!
Gloria in excelsis Deo!

Bergers, quittez vos retraites,
unisset-vous à leurs concerts,
et que vos tendres musettes
fassent retentir les airs.
Gloria in excelsis Deo!
Gloria in excelsis Deo!

Der Text im Evangelischen Gesangbuch

Hört, der Engel helle Lieder
klingen das weite Feld entlang,
und die Berge hallen wider
von des Himmels Lobgesang:
Gloria in excelsis Deo.
Gloria in excelsis Deo.

Hirten, warum wird gesungen?
Sagt mir doch eures Jubels Grund!
Welch ein Sieg ward denn errungen,
den uns die Chöre machen kund?
Gloria in excelsis Deo.
Gloria in excelsis Deo.

Sie verkünden uns mit Schalle,
dass der Erlöser nun erschien,
dankbar singen sie heut alle
an diesem Fest und grüßen ihn.
Gloria in excelsis Deo.
Gloria in excelsis Deo.

Text: Otto Abel (1954)
Melodie: Frankreich (18. Jahrhundert)

Der Text im Gotteslob

Seht ihr unsern Stern dort stehen,
helles Licht in dunkler Nacht?
Hoffnung auf ein neues Leben
hat er in die Welt gebracht.
Gloria in excelsis Deo.
Gloria in excelsis Deo.

Menschen ohne Haus und Habe
atmen plötzlich wieder auf,
denn ein Kind ist uns geboren.
Welten ändern ihren Lauf.
Gloria in excelsis Deo.
Gloria in excelsis Deo.

Weil wir neues Leben suchen,
darum folgen wir dem Stern,
sammeln Gaben, singen Lieder
für die Menschen, für den Herrn.
Gloria in excelsis Deo.
Gloria in excelsis Deo.

Text: Diethard Zils
Melodie: Frankreich (18. Jahrhundert)

Das Gotteslob enthält noch eine weitere Textfassung von Maria Luise Thurmair (GL 250). Sie übersetzt alle 5 Strophen des französischen „Urtextes".

Santa Lucia

Der 13. Dezember galt einmal als der kürzeste Tag des Jahres.[19] Dieser Tag wird bis heute gerade in den nordischen Ländern ganz besonders begangen: Das *Luciafest* wird gefeiert. Die Dunkelheit der Dezember-Tage soll so ein bisschen heller werden.

Das Fest beginnt meist am Morgen in der Familie und setzt sich dann im Kindergarten, in der Schule und am Arbeitsplatz fort: Ein Mädchen, in der Familie meist die älteste Tochter, spielt die Lucia. Sie trägt ein weißes Gewand, ein rotes Band um die Taille und einen Kranz mit Kerzen auf dem Kopf. Ihr folgen in einer regelrechten Prozession oft weitere Mädchen, die Kerzen in den Händen halten – manchmal auch Sternenknaben, Pfefferkuchenmännchen und Wichte. Und sie singen das Lucia-Lied.
Überall wird dieses Lied zum Lucia-Fest gesungen: In Schweden, Finnland und den anderen nordischen Ländern. Eigentlich stammt es allerdings aus Italien – es ist ein Volkslied.

Die Frau, die dem Fest den Namen gab, Lucia, lebte vor 1700 Jahren in Syrakus. Sie war die Tochter eines reichen römischen Bürgers. Und half immer wieder verfolgten Christen mit Dingen, die sie unbedingt brauchten. So machte sie das Leben von Menschen hell, die es schwer hatten. Ihrem Verlobten gefiel ihr Handeln gar nicht. Er verriet sie an die Behörden. Lucia wurde umgebracht, als sie 20 Jahre alt war.

Aber im Lucia-Fest und in dem Lied bleibt sie bis heute lebendig – als ein ganz besonderer Mensch, der Licht in das Dunkel bringt.

Als Schlager wurde das Lied „Santa Lucia" zu einem Welterfolg – allerdings mit einem anderen Text: Die Schönheit des malerischen Fischerhafens von Borgo Santa Lucia am Golf von Neapel wird dort gepriesen – von einem Fischer, der zu einer abendlichen Bootsfahrt einlädt. Von dort aus sieht der Ort noch bezaubernder aus, wenn der Mond sich im Meer spiegelt.

9

Santa Lucia

Tief liegt die Finsternis
auf unsren Straßen.
Lang hat das Sonnenlicht
uns schon verlassen.
Der Glanz der Kerzen
erwärmt die Herzen.
Sie macht das Dunkel hell:
Santa Lucia.

Tief war die Nacht und still.
Jetzt hörst du's singen.
Wer rauscht ums Haus herum
auf leisen Schwingen?
Schau: Sie ist wunderbar,
schneeweiß mit Licht im Haar.
Sie macht das Dunkel hell:
Santa Lucia.

Nun flieht die Dunkelheit.
Wach wird die Erde.
Jetzt wird es licht und Tag
auf unsrer Erde.
Welch wunderbarer Geist
uns so ein Licht verheißt –
sie macht das Dunkel hell:
Santa Lucia.

Text und Melodie:
Volkslied aus Italien

Der „Schlager“:

Schon glänzt das Mondlicht
am Himmelsbogen.
Sanft wehn die Lüfte,
still sind die Wogen.
Mein Nachen harret hier.
Kommt, steiget ein zu mir.
Santa Lucia.

Im dunklen Zelte
traulich geborgen
tändelt und kostet ihr
bis zu dem Morgen.
Ich biete freundlich an,
was man nur wünschen kann.
Santa Lucia.

Holdes Neapel!
Ort süßer Freuden
kennt keine Sorgen,
kennt keine Leiden.
Fröhlicher Liederschall
tönt in dir überall.
Santa Lucia.

O, warum zaudert ihr?
Seht, welch ein Abend!
Heut wehn die Lüfte
so kühl und labend.
Mein Nachen harret hier.
Kommt, steiget ein zu mir.
Santa Lucia.

AKKU
BUTZ

Es ist für uns eine Zeit angekommen

„Es ist für uns eine Zeit angekommen“ war einmal ein Sternsingerlied. Es stammt aus dem Wiggertal in der Nähe von Luzern – in der Schweiz. 1906 berichtet der Musiker und Volkslied-Sammler Alfred Leonz Gassmann von dieser Tradition: Die Sänger zogen von Haus zu Haus, verkündeten die Geburt Jesu und sangen das Lied „Es ist für uns eine Zeit angekommen“. Einer der Sänger trug den Stern. Das farbige Papier ließ die Kerze im Stern ganz besonders leuchten.
Ursprünglich hatte das Lied wohl nur drei Strophen: „Sternsinger praktikabel“.
In Deutschland wurde das Lied zunächst mit einem anderen Text bekannt, der bis heute viel weiter verbreitet ist als der Text des Sternsingerliedes – wohl auch, weil der Text sehr sinnlich daherkommt. Ihn dichtete im Jahr 1939 der Komponist und Musiklehrer Paul Hermann. Eine Textversion, die die ursprüngliche christliche Ausrichtung – ganz im Geist des Nationalsozialismus – ausmerzte: *„Es ist für uns eine Zeit angekommen, sie bringt uns eine große Freud. Übers schneebeglänzte Feld wandern wir durch die weiße Welt.“*

Als der Musiker und Liedsammler Gottfried Wolters die 1957 erschienene weihnachtliche Volksliedsammlung „Inmitten der Nacht – Die Weihnachtsgeschichte im Volkslied“[20] herausgeben wollte, stieß er auf das Lied, fand aber nur die erste Strophe des Sternsingerliedes. Er bat seine Frau, den Text zu ergänzen. Maria Wolters erzählt in dem Lied praktisch die ganze Weihnachtsgeschichte.
Die innige Melodie hat die wechselseitige Geschichte des Liedes überlebt. Sie ist Trägerin der Botschaft – ob wir es in der Kirche singen oder „durch die weite weiße Welt“ schreitend. Am liebsten stelle ich sie mir mit dem Text auf Schwizerdütsch vor, so wie es die Jungen damals auf ihren Sternsinger-Touren gesungen haben: „Es isch für ois e Zyt aacho, won ois e grossi Gnad bringt.“

Die katholische Sternsinger-Tradition heute gründet bewusst in der Erzählung von den drei Weisen, die dem Stern folgen und das neu geborene Jesuskind finden. Auch heute ziehen Kinder von Haus zu Haus, singen und sammeln für MISSIO-Kinderprojekte in aller Welt. Der Segen der Häuser mit seinen Bewohnern ist ein wichtiger Bestandteil des Brauches – verbunden mit dem mit Kreide geschriebenen Segensspruch (20*C+M+B+15). Die zentralen Buchstaben CMB könnten „Kaspar, Melchior und Balthasar“ bedeuten, beziehen sich aber auf das lateinische Wort „Christus Mansionem Benedikat“: *Christus segne dieses Haus.* Der Stern symbolisiert die Menschwerdung Christi, die drei Kreuze stehen für die Dreifaltigkeit Gottes.

10

Es ist für uns eine Zeit angekommen

Es ist für uns eine Zeit angekommen,
es ist für uns eine große Gnad:
Unser Heiland Jesus Christ,
der für uns, der für uns,
der für uns Mensch geworden ist.

Es sandte Gott seinen Engel vom Himmel,
der sprach zur Jungfrau Maria:
„Du sollst Mutter Gottes sein,
Jesus Christ, Jesus Christ,
Jesus Christ dein Söhnelein.“

Maria hörte des Herren Begehren,
sich neigend sie zu dem Engel sprach:
„Sieh, ich bin des Herren Magd,
mir gescheh, mir gescheh,
mir gescheh, wie du gesagt.“

Und es erging ein Gebot von dem Kaiser,
dass alle Welt geschätzet würd.
Josef und Maria zart,
voll der Gnad, voll der Gnad,
zogen hin nach Davids Stadt.

Es war kein Raum in der Herberg zu finden,
es war kein Platz für arme Leut.
In dem Stall bei Esel und Rind
kam zur Welt, kam zur Welt,
kam zur Welt das heil'ge Kind.

Es waren Hirten bei Nacht auf dem Felde,
ein Engel ihnen erschienen ist:
„Fürcht' euch nicht, ihr Hirtenleut!
Fried und Freud, Fried und Freud,
Fried und Freud verkünd' ich heut.

Denn euch ist heute der Heiland geboren,
und er ist Christus, unser Herr.
Das soll euch zum Zeichen sein:
S'Kindlein liegt, s'Kindlein liegt,
s'Kindlein liegt im Krippelein.“

Sie gingen eilend und fanden die beiden,
Maria und Josef in dem Stall:
und dazu das Kindelein,
Jesus Christ, Jesus Christ,
Jesus Christ im Krippelein.

Vom Morgenlande drei Könige kamen,
ein Stern führt sie nach Bethlehem.
Myrrhen, Weihrauch und auch Gold
brachten sie, brachten sie,
brachten sie dem Kindlein hold.

Es ist für uns eine Zeit angekommen,
es ist für uns eine große Gnad:
Unser Heiland Jesus Christ,
der für uns, der für uns,
der für uns Mensch geworden ist.

Text: Strophe 1: Sternsingerlied aus dem Luzerner Wiggertal; Strophen 2-9: Maria Wolters (1957)
Melodie: Sternsingerlied aus dem Luzerner Wiggertal

Die „weltliche" Fassung

Es ist für uns eine Zeit angekommen,
sie bringt uns eine große Freud'.
Übers schneebeglänzte Feld
wandern wir, wandern wir
durch die weite, weiße Welt.

Es schlafen Bächlein und Seen unterm Eise,
es träumt der Wald einen tiefen Traum.
Durch den Schnee, der leise fällt,
wandern wir, wandern wir
durch die weite, weiße Welt.

Vom hohen Himmel ein leuchtendes Schweigen
erfüllt die Herzen mit Seligkeit.
Unterm sternbeglänzten Zelt
wandern wir, wandern wir
durch die weite, weiße Welt.

Text: Paul Hermann (1939)
Melodie: Sternsingerlied aus dem Luzerner Wiggertal

Seht: Die gute Zeit ist nah. Das ist eine Verheißung: Gute, nicht böse Zeit. Nähe, nicht Ferne. Gottes Ja zu mir und dir, zur Erde und für alle – nicht Ablehnung, Abzocke, Herabwürdigung.
Ein Adventslied voller Vorfreude: Gott kommt. Seine Ankunft hat das Ziel, dass Frieden wird.
Und das singt die Gemeinde sich „geradezu volksliedhaft, an ein Posthorn erinnernd“[21] gegenseitig zu – mit verteilten Rollen. Denn sie ist aktiv in die Verkündigung der Botschaft einbezogen – ganz im Interesse von Friedrich Walz, der das Lied aus Mähren nach Deutschland gebracht hat: Das Lied kann von allen einstimmig gesungen werden, aber auch als Kanon. Und in zwei Varianten kann – zur Verkündigung passend – (jeweils als sich immer wiederholendes Ostinato) ein Halleluja dazu gesungen werden. Die ganze Kirche ist dann voller mehrstimmiger Chor-Musik: „Gott kommt, dass Friede werde.“

Die „traditionelle“ adventliche Botschaft spricht von Christus, dessen Reich endgültig auf diese Erde kommt und mit seinem Frieden ganz und gar unser Leben bestimmen wird.
„Seht, die gute Zeit ist nah“ ruft genau diese Botschaft in die Gemeinde.
Advent und Weihnachten werden in dem Lied wunderbar miteinander verwoben: Das Ziel des Advents ist mit Jesu Geburt zeichenhaft wahr geworden – und dann auch in der Verkündigung Jesu immer wieder zentral: Hirten, König, Groß und Klein, Kranke und Gesunde, Arme, Reiche lädt er ein zum Frieden, den Gott schenkt – bei dem es gerecht zugeht und barmherzig.

„Freut euch auf die Stunde!“ Denn dann wird die Welt großartig sein – eine große Gemeinschaft voller Liebe und voller Gesang. So wie es beim Singen des Liedes schon ein klein wenig erfahren werden kann.

Seht, die gute Zeit ist nah

Seht, die gute Zeit ist nah,
Gott kommt auf die Erde,
kommt und ist für alle da,
kommt, dass Friede werde,
kommt, dass Friede werde.

Hirt und König, Groß und Klein,
Kranke und Gesunde,
Arme, Reiche lädt er ein,
freut euch auf die Stunde,
freut euch auf die Stunde.

Text: Friedrich Walz (1972)
Melodie: nach einem Weihnachtslied aus Mähren

Stern über Bethlehem

Sterne faszinieren. Das eigene Leben wiegt so wenig in dem Sternenlicht, auf das auch zahllose Generationen vor uns geblickt haben. Sterne haben einen längeren Atem als wir. Ihr Licht ist Tausende von Jahren unterwegs, ehe es unser Auge erreicht. Am Himmel geschieht wenig Neues. Er ist der Ort, an dem das ewig Gleiche wiederkehrt. Aber eben nicht immer: Die Weisen entdeckten etwas Neues und beschlossen, diesem Licht zu folgen.
In den sechziger Jahren (des letzten Jahrhunderts) wurde etwas Neues für die Gottesdienste in der Kirche entdeckt: Jazz in der Kirche. Was heute selbstverständlich ist, war damals für viele eine Befreiung, ein neuer Stern – bei anderen wieder höchst umstritten. „Die Initiatoren der Jazzgottesdienste sagen zwar: Wir suchen das Kirchenlied, das so aktuell ist wie die weltlichen Liedschlager unserer Zeit. Hört man sich aber solche Jazz-Gottesdienste an, so klingt es aus ihnen eher wie: Wir suchen das Kirchenlied, das so billig ist wie die Liedschlager unserer Zeit," hieß es in der Fachzeitschrift „Musik und Kirche".[22]
Der bayerische Kirchenmusiker Alfred Hans Zoller gehörte zu den Jazz-Anhängern. Er brachte mit seinem Gospelchor Elemente des Jazz und der „Schwarzen Musik" in die evangelischen Gottesdienste hinein. Und er schrieb Lieder. Sein bekanntestes ist 1963 entstanden: „Stern über Bethlehem".
Das Lied hat es – als Pop-Ballade und mit einem anderen Text – 30 Jahre später sogar bis in die Charts geschafft und ist bis heute vielen auch aus dem Rundfunk bekannt.[23]
„Stern über Bethlehem" lässt die alte Geschichte mit dem Stern, der den Weisen voranzieht, in einem neuen Sound und so in einem neuen Licht erscheinen. Die Musik lässt uns aufhorchen: Da geschieht etwas Ungewohntes – etwas, was von weit her kommt. Der Text des Kirchenmusikers nimmt uns in die Geschichte hinein: Der Stern – dieses Zeichen Gottes – zieht nicht nur den Weisen, sondern auch uns voran und bleibt über dem Stall von Bethlehem stehen. Wir sind es, die zur Krippe ziehen und dort das große Wunder sehen dürfen, das da geschehen ist.

Im Dezember 2004 nahm die Sternwarte Bochum erste Bilder von einem neuen Kometen auf. Am besten sollte man ihn – sogar mit bloßem Auge – in der Zeit zwischen Ende Dezember, also zu Weihnachten bis Anfang Januar sehen können. In dem Zeitungsartikel hieß es weiter: „Eine ähnliche Erscheinung kennen wir von der Geburt Christi. Laut Bibeltext machten sich Weise aus dem Morgenland auf den Weg nach Bethlehem, um den neugeboren König der Juden aufzusuchen. – Wer waren diese Leute, und warum nahmen sie eine lange beschwerliche Reise auf sich? Es steht dort: Sie folgten seinem Stern!" – Der Artikel endete mit einer Einladung in die Sternwarte.

11

Stern über Bethlehem

Stern über Bethlehem, zeig uns den Weg,
führ uns zur Krippe hin, zeig, wo sie steht,
leuchte du uns voran, bis wir dort sind,
Stern über Bethlehem, führ uns zum Kind.

Stern über Bethlehem, nun bleibst du stehn
und lässt uns alle das Wunder hier sehn,
das da geschehen, was niemand gedacht,
Stern über Bethlehem, in dieser Nacht.

Stern über Bethlehem, wir sind am Ziel,
denn dieser arme Stall birgt doch so viel.
Du hast uns hergeführt, wir danken dir.
Stern über Bethlehem, wir bleiben hier.

Stern über Bethlehem, kehrn wir zurück,
steht noch dein heller Schein in unserm Blick,
und was uns froh gemacht, teilen wir aus,
Stern über Bethlehem, schein auch zu Haus.

Text und Melodie: Alfred Hans Zoller, 1963

Sie haben ihr Ziel erreicht.
BUTZ

Jeder Mensch braucht einen Engel

Ausklang

Wir haben eine Liederzeitreise durch acht Jahrhunderte hinter uns, sind in ferne Text- und Musikwelten eingetaucht. Einige sind uns auch ganz nah.
Wir haben so auch die wichtigen Figuren der Advents- und Weihnachtszeit neu erlebt: Lucia, Nikolaus, Martin, Maria, Josef, das Kind in der Krippe, die Hirten, die Weisen, den Stern und vieles mehr – und natürlich die Engel.
Alle, die wir in dem Buch vorgestellt haben, sehen die Welt anders durch das, was sie mit Gott erlebt haben. Auch ich darf das Licht, das ich geschaut habe, in mich „einatmen“, bis ins Herz. Und dann wird auch bei mir vieles anders. Und manchmal wird das Leben dann auf einmal so leicht, dass ich meine: Da leiht mir jemand seine Flügel. Dann möchte ich schweben, losgelöst und frei.
Ein Engel-Lied lässt mich am Schluss wieder aufbrechen. Es bringt mich auf den Weg durch das Jahr. Engel sind gute Begleiter. Sie schließen uns die Tür zu der Welt Gottes auf. Ihr Lichtstrahl aus der offenen Tür fällt direkt in unser Herz.
Engel begegnen uns zwischen Himmel und Erde – begegnen uns, wo es brenzlig wird in unserm Leben, wo es um Leben und Tod geht. Engel ziehen uns auf die Seite des Lebens, manchmal jäh und „gewaltig“ – manchmal zeigen sie uns behutsam den Weg. Und am Ende nehmen sie uns an die Hand und geleiten uns über die Schwelle des Todes zu Gott.
Engel sind nie ganz eindeutig – und immer sind sie „durchsichtig“, jedenfalls so durchsichtig, dass wir durch sie hindurch Gott sehen und erfahren. Davon singt und sagt das Lied „Jeder Mensch braucht einen Engel“.
Es sagt mir zu:
Ein Engel wird mit mir gehen.
Ein Engel, der mich begleitet.
Der sagt: „Du – ich seh dich. Ich bin da. Für dich.“

12

Jeder Mensch braucht einen Engel

Jeder Mensch braucht einen Engel, der mit ihm geht.
Jeder Mensch braucht einen Engel, der zu ihm steht.

Und er leiht dir seine Flügel,
wenn dich Leid am Boden hält.
Du kannst fliegen – du kannst träumen.
Mensch, entdeck mit ihm die Welt.

Jeder Mensch braucht einen Engel, der mit ihm geht.
Jeder Mensch braucht einen Engel, der zu ihm steht.

Und er mag dich, und du lächelst –
und es wird ganz leicht in dir.
Du kannst fliegen – du kannst träumen
und lebst auf im Jetzt und Hier.

Jeder Mensch braucht einen Engel, der mit ihm geht.
Jeder Mensch braucht einen Engel, der zu ihm steht.

Ihn schickt Gott – und er bleibt bei dir,
will dich in die Weite führ'n.
Du kannst fliegen – du kannst träumen,
kannst den Himmel leicht berühr'n.

Jeder Mensch braucht einen Engel, der mit ihm geht.
Jeder Mensch braucht einen Engel, der zu ihm steht.

Text: Fritz Baltruweit und Nora Steen (2008)
Melodie: Fritz Baltruweit (2008)

Nachlese

Weihnachtslieder und Adventslieder in Spiegel der Zeiten

Lieder zur Weihnachtszeit begleiten uns durch unser ganzes Leben. Es sind Lieder, die uns anrühren, ohne dabei in Rührseligkeit zu zerfließen. Sie greifen nach uns auf eine Weise, die sich nicht begreifen lässt. Sie versetzen uns in Hochstimmung und trösten uns. Sie lassen uns *inne-werden* und können zugleich in uns verschüttete Erinnerungen freisetzen. Mit ihnen überschreiten wir das Hier und Jetzt und betreten Erinnerungsräume, in denen das Vergangene und das Gegenwärtige zusammenfällt.

Es sind diese und andere Augenblicke, in denen uns aufgeht: Diese Lieder sind ein kostbarer Schatz, den wir nicht nur empfangen haben, sondern auch weitergeben müssen. Denn auf eine geheimnisvolle Weise sind sie ebenso zeitlos wie modern. Sie tragen kein Verfallsdatum, sondern sind trotz (oder wegen?) ihrer altertümlichen Sprache immer noch *an-sprechend*. Sie sind keine Schaustücke in einem Lieder-Museum, wo auf den Vitrinen unmissverständlich zu lesen steht: „Bitte nicht anfassen!" Nein, diese Lieder sollen gehört und gesungen werden. Sie sind, wie es der Liederforscher Hermann Kurzke auf den Punkt gebracht hat, „Gebrauchsliteratur".[24]

Es sind besondere Momente, in denen sich unsere Gefühle mit bestimmten Liedern verbinden: Abende unter dem Weihnachtsbaum, wo wir im Kreis der Familie *„Stille Nacht, heilige Nacht"* gesungen haben oder es zumindest versuchten. Oder im Kindergarten, wo wir als 1. Hirte oder 2. Engel des Krippenspiels stolz und aufgeregt für unsere Eltern und Großeltern *„Ihr Kinderlein, kommet"* singen durften. Oder in einem Gottesdienst zur Christnacht, in dem wir – getragen vom Gesang der Gemeinde – den alten Choral *„Ich steh an deiner Krippen hier"* plötzlich für uns neu entdeckt haben als innere Beheimatung. Diese Beispiele zeigen: Lieder zur Weihnachtszeit benötigen, besser *beanspruchen*, ganz bestimmte Räume, in denen sie ihre Wirkung entfalten können. Wo diese Räume aber liegen, muss jeder Einzelne herausfinden – Sackgassen inbegriffen.

Wer zum Beispiel mit offenen Augen und Ohren durch unsere festlich geschmückten und erleuchteten Städte geht, findet schnell zu der Erkenntnis: Diese künstliche Welt kann nicht der natürliche Lebensraum sein, in dem ein *„O du fröhliche"* oder ein *„Alle Jahre wieder"* wirklich nach uns greifen und uns berühren kann. Gerade deshalb muss die Frage erlaubt sein: Wie kann es angesichts dieser weihnachtlichen „Folklore" zu einer echten Begegnung kommen, bei der diese Lieder jene Aufmerksamkeit und Wertschätzung erfahren, die ihnen gebührt?

Eine Frage, die sich zuallererst an uns richtet, die eigentlichen Adressaten. Es liegt an uns, ob sie uns erreichen oder ob sie *überhört* oder gar *zer-sungen* werden. Jedenfalls war es die erklärte Absicht ihrer Dichter und Komponisten, dass die Botschaft ihrer Lieder die Menschen erreicht und bei ihnen eine Reaktion auslöst – romantisierend ausgedrückt: ihnen *zu Herzen geht*. Aber diese Frage nach dem *Wie* der Begegnung zwischen Lied und Mensch bleibt unvollständig, wenn nicht auch das *Wo* und *Wann* darin aufgenommen ist. Konkret: Die *subjektive Dimension* dieser Lieder, ihre Vertrautheit und Nähe, ja Intimität, braucht zugleich auch einen *objektiven Rahmen*, in dem Ihre Entstehung, Überlieferung und Bedeutung nachgespürt werden kann. So öffnet sich die Geschichte dieser Lieder und wird durchlässig und aufnahmefähig für Interessantes, Neues und Überraschendes – mitunter sogar Unglaubliches.

Eine Klarstellung: „Alles hat seine Zeit"

„Ein Drittel der Deutschen fordert ein Gesetz gegen das vorzeitige Singen von Weihnachtsliedern", meldet der Berliner Tagesspiegel.[25] Viele finden es nicht in Ordnung, wenn Weihnachtslieder *„Nicht nur zur Weihnachtszeit"* (so Heinrich Böll in seiner gleichnamigen Erzählung), sondern schon Anfang Oktober gedudelt werden.

Unser Umgang mit den Liedern, die wir zur Weihnachtszeit singen und hören, ist sowohl von Respekt als auch Unsicherheit getragen. Auf der einen Seite wollen wir das schützen und bewahren, was uns lieb und teuer ist: Die Tradition, die sich in diesen Liedern ausdrückt und die uns Halt und Rückhalt gibt. Auf der anderen Seite erleben wir, dass das, was uns Geborgenheit gibt, zerbrechlich ist. Und dieser Traditionsabbruch ist unübersehbar. Ja, es wird immer noch zur Weihnachtszeit gesungen, aber wissen die Menschen, was sie hier singen und was es bedeutet? Und haben sie immer noch ein Gespür, dass der Gehalt dieser Lieder nicht zu trennen ist von dem Zeitpunkt, an dem er erklingt?

Weihnachtslieder sind eben *keine* Adventslieder. Und Winterlieder sind weder das eine noch das andere. Zwischen einem dramatischen *„O Heiland reiß die Himmel auf"* (Adventslied), einem einfühlsamen *„Stille Nacht, heilige Nacht"* (Weihnachtslied) und einem romantisch verklärten *„Ach, bittrer Winter, wie bist du kalt"* (Winterlied) liegen Welten. Darüber hinaus gibt es noch das schier unüberschaubare Repertoire an sog. *weltlichen* Liedern, die zwischen Pop, Swing und Jazz angesiedelt sind. Einige von ihnen haben einen ganz besonderen Ehrenplatz in unserem Innenleben, denn sie können uns in einer Weise emotionalisieren, dass Weihnachten über Raum und Zeit hinweg zu einer ganz persönlich erfahrbaren Wirklichkeit wird.

Ein Beispiel ist das von Irving Berlin 1941 komponierte und dem Sänger Bing Crosby 1947 veröffentlichte Lied *„White Christmas"*. Ein Lied, das tiefe Spuren hinterlassen hat in einer Generation, die den Krieg überlebt hatte und die das Überleben wie ein Geschenk feierte. Ein Lied voller Erinnerungen und Hoffnungen: Ehrfürchtig schälte man die erste Apfelsine und aß „Butterstollen", der mit Margarine aus dem Carepaket gebacken wurde und in dem nicht Bucheckern und Kürbisstückchen steckten, sondern Nüsse und Rosinen. Das alles im Angesicht eines Weihnachtsbäumchens, das mit wenigen Kerzen und Staniolpapiersternen aus Zigarettenschachteln geschmückt war – nicht selten ein Besenstiel, in den man Zweige gesteckt hatte. Dazu lauschte man der warmen Stimme von Bing Crosby: *„I'm dreaming of a white Christmas …“*. Wer in dieser Zeit diese ganz und gar weltliche Botschaft hörte, verstand sofort, was eigentlich gemeint war: *„Friede auf Erden“*.

Alle diese Lieder zur Weihnachtszeit, die wir zu *unseren* Liedern gemacht haben und noch machen, haben Eingang gefunden in unsere privaten wie öffentlichen Lebensräume. Sie sind zu Recht im weitesten Sinne sogenannte Volkslieder, weil sie in unserem Leben Bedeutung erfahren haben. Aber wie lässt sich eine klare Grenze ziehen zwischen diesen so unterschiedlichen Liedarten? Nicht alles kann von allen zu allen Zeiten gesungen werden.

Weihnachtslied – Adventslied[26]

Das ***Christfest*** feiern Christen als Tag der Geburt Jesu. Der historische Tag der Geburt Jesu ist unbekannt. Der 25. Dezember ist also ein Gedenktag. Die Bezeichnung *Weihnacht/Weihnachtsfest* taucht in der deutschen Sprache erst im Hochmittelalter auf.[27] Mit ihr werden jene *geweihten Nächte/wihen nahten* bezeichnet, die zwischen der *Christnacht* (24./25.) und dem *Tag der unschuldigen Kindlein* (28.) liegen. Am *Epiphaniastag/Heilige Drei Könige* (06. Januar) endet die *Weihnachtszeit.*

Die Praxis der jungen Kirche, bereits im Volk etablierte heidnische Festtage aufzugreifen, um sie mit christlichem Inhalt zu füllen, lässt sich gerade am Beispiel des Christfestes aufzeigen. Kaiser Aurelian hatte den Tag der Wintersonnenwende im Jahr 274 als reichsweiten Feiertag eingeführt („Sol Invictus“). Diesen 25. Dezember versah die Christenheit mit einer neuen, christlichen Bedeutung: Jesus ist *„das Licht der Welt“* (Johannes 8, 12).

Erst im Jahr 336 ist das Christfest als kirchlicher Festtag in Rom belegt. Eine ältere Tradition, die den Geburtstag Christi am 6. Januar feierte, entwickelte sich als *Tag der Erscheinung des Herrn (Epiphaniastag/Heilige Drei Könige)*. Bis heute wird an diesem Tag in den orthodoxen Kirchen Weihnachten gefeiert. Allgemein verbindlich wurde das Christfest unter Kaiser Justin II. (565 – 578).

Etwa ab dem 7. Jahrhundert bildete sich eine der Weihnachtszeit vorgelagerte Besinnungszeit aus, mit der die Christen sich auf die Ankunft Gottes in Jesus Christus vorbereiten konnten: Die ***Adventszeit*** (von lateinisch *adventus/Ankunft*). Sie reichte vom *Martinstag* (11. November) bis zum *Epiphaniastag* (6. Januar). Diese Buß- und Fastenzeit dauerte acht Wochen zur Erinnerung an das Fasten Jesu in der Wüste (40 Tage) bzw. das Fasten des Volkes Israel bei seiner Wanderung durch die Wüste (40 Jahre). Sie endete jeweils einem der beiden jährlichen Tauftermine, die es im Jahr gab: am 6.1. bzw. in der Osternacht. Mit Fasten bereiteten sich die Katechumenen, die neu im Glauben unterwiesen wurden, in diesen sechs Wochen auf ihre Taufe vor.

Eine allgemein-verbindliche Regelung von sechs auf vier Adventssonntage erfolgte 1570 durch Papst Pius V. Sie hat sich bis heute gehalten. Da aber der 25. Dezember in jedem Jahr auf einen anderen Wochentag trifft, ist die Adventszeit verschieden lang. Sie umschließt höchstens 28 und mindestens 22 Tage und endet immer am 24. Dezember in der *Christnacht.*

Heutzutage hat die Adventszeit außerhalb ihrer kirchlichen Heimat ihren Charakter als ernste und besinnliche Zeit weitgehend verloren. Die Kommerzialisierung und Trivialisierung des Weihnachtsfestes hat dazu geführt, dass wir heute einen vier Wochen langen *weihnachtlichen Event* erleben, der das eigentliche Weihnachtsfest mittlerweile (fast) in den Schatten stellt.

An dieser Stelle wird deutlich: Die landläufig verwendete Bezeichnung „Lieder zur Weihnachtszeit" ist zu unpräzise, um sowohl dem Weihnachtslied als auch dem Adventslied gerecht zu werden. Beide sind auf eine ganz eigene Art unvergleichlich. Denn wenn sie sich auch in den Dienst der *einen* Botschaft stellen, so ist der je eigene Kontext, der sie hervorgebracht hat, sehr verschieden – historisch, theologisch und musikalisch. Die Adventszeit ist eine die Weihnachtszeit *vorbereitende* Zeit. Vom Christfest her erhält sie ihren Sinn und ihre Bestimmung als *Vor-Weihnachtszeit.* In ihren Liedern kündigt sie die Ankunft Gottes an und baut Spannung auf: Gott *kommt* in Christus *zu* den Menschen! Diese Spannung wird aber erst an Weihnachten aufgelöst: Gott *ist* zu den Menschen *gekommen*!

Dieses um Verheißung und Erfüllung kreisende theologische Prinzip haben die Dichter und Komponisten in ihren Liedern so umgesetzt, dass es dabei auch zu „Grenzüberschreitungen" kommt. Denn der Christ, der in der Adventszeit *„Mit Ernst, o Menschenkinder, das Herz in euch bestellt"* (EG 10) singt, ist kein anderer als der, der am Christfest *„Fröhlich soll mein Herze springen"* (EG 36) singt.

Adventlicher Ernst und weihnachtliche Freude schließen sich nicht aus, sondern finden zueinander in dem einen Menschen, der weiß bzw. *glaubt,* dass er in dieser Spannung lebt, sie aushalten muss und am Ende hinter sich lassen darf. Darum läuft die gemeinsame Grundstimmung dieser Lieder nicht einfach auf ein *entweder – oder* hinaus, sondern auf ein *sowohl – als auch.* Das im Advent gesungene *„Mit Ernst, o Menschenkinder"* weist unübersehbar „Spurenelemente" auf, die auf die Krippe hindeuten. Und ebenso nimmt das am Weihnachtstag gesungene *„Fröhlich soll mein Herze springen"* ernste adventliche Bezüge auf. Die Liedzeile *„... Gottes Held, der die Welt reißt aus allem Jammer"* (Strophe 2) bringt treffend zum Ausdruck, dass adventliche Hoffnung und in Christus gefundene Erlösung nicht das Gleiche sind.

Adventslieder und Weihnachtslieder *korrespondieren* also sowohl theologisch wie musikalisch. Es ist sogar möglich, dass jene Grundstimmung, die ihnen gemeinsam ist, *auf den Kopf gestellt* wird – und zwar *über Kreuz*:

„Macht hoch die Tür" und *„Stille Nacht, heilige Nacht"* zeigen auf, wieviel theologi-

scher und musikalischer Spielraum in diesem „sowohl – als auch" liegt. Das adventliche *„Macht hoch die Tür"* mit seiner hymnischen Freude, ja Euphorie, ist zugleich auf Weihnachten ausgerichtet. Bei dem mit der gleichen emotionalen Wellenlänge sendenden *„Tochter Zion, freue dich"* (EG 13) lässt sich sogar feststellen: Die weihnachtlichen „Konnotierungen" dieses Adventsliedes haben dazu geführt, dass die Gesellschaft es als Weihnachtslied „adoptiert" hat.

Im anderen Fall ist das einfühlsame, verhaltene, ja ernste *„Stille Nacht, heilige Nacht"* ein Weihnachtslied, das die Tragweite des Kommens Gottes in die Welt auch im Lichte des Adventes beleuchtet: *„... da uns schlägt die rettende Stund"* (Strophe 3).[28] Ein anderes Beispiel ist das weihnachtliche *„Ich steh an deiner Krippen hier"* (EG 37). Mit seiner Vertrautheit in Sprache und Melodieführung hat dieses Lied fast alttestamentliche Psalmen-Anklänge, um mit ihnen das Gott-Mensch-Verhältnis auszudrücken.

Vielleicht kann man es so auf den Punkt bringen: Auf der einen Seite stehen Advents- und Weihnachtslieder je für sich und bewegen sich in den eigenen Grenzen von adventlicher Erwartung bzw. weihnachtlicher Erfüllung. Das kann auch nicht anders sein: Der Advent ist eben kein „Vor-Weihnachten". Auf der anderen Seite überschreiten diese Lieder theologisch und musikalisch je und dann den Rahmen, der ihnen zugewiesen ist. Sie sind in gewisser Weise „Grenzgänger", die ihre gemeinsame Botschaft in vielfältiger Weise an ihre Adressaten richten: Gott kommt den Menschen nahe.

Weihnachtslieder und Adventslieder im Spiegel der Zeiten

Die Anfänge unserer Weihnachtslieder und Adventslieder liegen im **6./7. Jahrhundert**, im **frühen Mittelalter**. Zunächst singen Priester und Mönche in der gottesdienstlichen Liturgie lateinische Hymnen, die sich auf die Geburt Jesu beziehen. Diese ersten weihnachtlichen Gesänge sind ein Privileg der Kleriker.

Ab dem 12. Jahrhundert hält die Muttersprachlichkeit Eingang in die Kirche. Das einfache Volk schätzt seine Lieder, die ihm Halt im Glauben geben. So entstehen zahlreiche Lieder in deutscher Sprache, mit denen die Gläubigen ihren Glauben *zur Sprache bringen* können – auch wenn sie nicht immer wissen, was damit gemeint ist. Ein anschauliches Beispiel ist das Lied *„Nun singet und seid froh"/„In dulci jubilo"* (EG 35), das mit dem Dominikanermönch Heinrich Seuse (1297–1366) in Verbindung gebracht wird (siehe S. 10). Die Verbindung von deutscher und lateinischer Sprache weist auf eine ältere lateinische Vorlage hin:

Höhlenforscher-Weihnachten

In dulci jubilo,
nun singet und seid froh:
Unsers Herzens Wonne
liegt in praesepio
und leuchtet wie die Sonne
matris in gremio.
Alpha es et O, alpha es et O.[29]

Wie sehr die singende Gemeinde in den weihnachtlichen Gottesdiensten schon beteiligt ist, belegt das „Quempas-Singen".[30] Bei diesem Rundgesang sind die Sänger in den vier Ecken der Kirche aufgestellt und singen sich die Weihnachtsbotschaft zu. In dieser innovativen Zeit des aufkommenden Gemeindegesangs schlägt das Quempas-Singen eine wichtige Brücke zum weihnachtlichen Brauchtum (siehe dazu auch S.18). Denn der Quempas wird nun nicht nur in den Kirchen, sondern auch auf den Straßen und Plätzen gesungen. Zugespitzt: Das weihnachtliche Lied wandert wohl nicht aus der Kirche aus, aber verankert sich zusehends in der alltäglichen Volksfrömmigkeit.

Allerdings – im Gottesdienst sind diese Lieder weiterhin tabu, verbietet doch das Konzil zu Basel (1435) das Singen in der Muttersprache während der Messe und bestätigt den Gesang als Privileg der Kleriker. Es ist Martin Luther (1483–1546), der als treibende Kraft dafür sorgt, dass die Lieder des Volkes ihren Platz im Gottesdienst finden. Fortan ist der muttersprachliche Gemeindegesang das Erkennungszeichen des evangelischen Gottesdienstes – denn Gottesdienst heißt: „... daß unser lieber Herr selbst mit uns redet durch sein heiliges Wort, und wir wiederum mit ihm reden durch Gebet und Lobgesang".[31] So trägt das **16. Jahrhundert**, die **Reformationszeit**, erheblich zur Popularisierung des Kirchenliedes bei.[32] Die neue evangelische Lehre kommt bei den Menschen an – und mit ihr die Lieder zur Advents- und Weihnachtszeit. Sie sind hörbarer Ausdruck einer neuen Mündigkeit im Glauben.

Es sind sehr verschiedene Traditionslinien, die bei Luther zusammenlaufen: Das adventliche *„Nun komm, der Heiden Heiland"* (EG 4) ist Luthers Übersetzung eines lateinischen Hymnus aus der Frühzeit der Kirche. Dagegen fußt das muttersprachliche *„Gelobet seist du, Jesus Christus"* (EG 23) auf einer mittelalterlichen „Leise".[33] Aus dem ehemaligen einstrophigen Pilgergesang entwickelt Luther einen siebenstrophigen Weihnachtschoral.

Ganz anders liegt der Fall des bekanntesten Weihnachtsliedes Luthers: *„Vom Himmel hoch"* (EG 24). Hier greift er auf ein im Volk populäres „Kranzlied" zurück *(„Ich kumm aus fremden Landen her")*, gibt ihm aber eine neue, weihnachtliche Gestalt. Auch kompositorisch hinterlässt er in diesem Lied Spuren. *„Vom Himmel kam der Engel Schar"* (EG 25) ist dagegen ein Spätwerk. Mit großem Ernst entfaltet Luther hier jenen Aspekt der weihnachtlichen Botschaft, der bei aller Freude auch gehört und gesungen werden will:

„Was soll euch tun
die Sünd und Tod?
Ihr habt mit euch
den wahren Gott;
laßt zürnen Teufel und die Höll,
Gotts Sohn ist worden
eu'r Gesell." (Strophe 4)

Es ist *dichte* evangelische Theologie, in der sich die Situation der Gemeinde hier widerspiegelt. Es sind im Kern *Bekenntnislieder*, in denen das neue evangelische Selbstbewusstsein seinen Ausdruck findet – auch und gerade in den Zeiten, die besinnlich oder festlich begangen werden. So gelingt es protestantischen Theologen und Musikern, die weihnachtliche Botschaft mit der lutherischen Rechtfertigungslehre zu verknüpfen. Nikolaus Herman (1500–1561) beschreibt z.B. in seinem Weihnachtslied *„Lobt Gott, ihr Christen allegleich"* (EG 27) den sog. *„fröhlichen Wechsel"*, der die Mitte des Erlösungsgeschehens darstellt:[34]

Er wird ein Knecht
und ich ein Herr;
das mag ein Wechsel sein!
Wie könnt es doch sein
freundlicher,
das herze Jesulein,
das herze Jesulein. (Strophe 5)

Im **Zeitraum zwischen dem frühen 17. und der Mitte des 18. Jahrhunderts** kommt es an vielen Stellen zu einem konfliktreichen Aufeinandertreffen. Das geistliche Lied spiegelt die verschiedenen spannungsvollen Polaritäten wider: Katholizismus und „Luthertum", Rechtgläubigkeit und persönliche Glaubenserfahrung, kirchliche Lehre und Aufklärung …

Der 30-jährige-Krieg (1618 – 1648) ist die „Ur-Katastrophe" dieser Epoche, die über die Menschen hineinbricht. Am Ende ist ganz Deutschland verwüstet und zwei Drittel der Bevölkerung ausgelöscht. In dieser Zeit brauchen die Menschen Lieder, die sie als tröstend, stärkend und vergewissernd empfinden. Es ist vor allem ihre seelsorgerische Nähe, die den Liedern des Jesuiten Friedrich Spee (1591–1636) und des lutherischen Pfarrers Paul Gerhardt (1607–1676) ihre Glaubwürdigkeit verleiht – auch über die Advents- und Weihnachtszeit.

Das adventliche *„O Heiland, reiß die Himmel auf"* (EG 7) von Friedrich Spee ist geprägt von der Sprache der alttestamentlichen Psalmen (Jesaja 63). Geradezu anklagend stellen die in Not und Tod steckenden Gläubigen Gott zur Rede: *„Wo bleibst du, Trost der ganzen Welt, darauf sie all ihr Hoffnung stellt …"* (Strophe 4) und *„Hier leiden wir die größte Not, vor Augen steht der ewig Tod …"* (Strophe 6).[35]

Paul Gerhardt geht einen anderen Weg, um mit Gott ins Gespräch zu kommen. Seine Lieder haben ihren Ausgangspunkt in der Frömmigkeit des Einzelnen. An die Stelle des kollektiven „Wir" tritt das „Ich", an die Stelle von Glaubensstärke die Sehnsucht nach Gottesnähe und Annahme. Seinen Liedern wie *„Wie soll ich dich empfangen"* (EG 11 – siehe S. 36), *„Fröhlich soll mein Herze sprin-*

gen“ (EG 36) und *„Ich steh an deiner Krippen hier“* (EG 37 – siehe S. 40) geht es nicht um das selbstbewusst vorgetragene Bekenntnis. Sie sind Ausdruck einer persönlichen, innigen Beziehung zwischen Gott und Mensch.[36]

In der **Epoche der Romantik**, die ausgehend vom **Ende des 18. Jahrhunderts bis weit in das 19. Jahrhundert** ihre kulturelle Wirkung entfaltet, kommt es zu großen gesellschaftlichen Umbrüchen. Vor allem im Bürgertum etabliert sich eine neue, *offene* Liedkultur, in der Leitbegriffe wie Heimat, Volk und Familie zusammenfinden. Auch die Religion ist nach wie vor ein wichtiger Bestandteil des öffentlichen Lebens. Aber ihre Bedeutung ist eine andere geworden.

Das kirchliche Christfest entwickelt sich zunehmend zur *bürgerlichen Weihnacht*. Kulturelles Zentrum ist vor allem das häusliche Wohnzimmer, in dem das christliche Brauchtum gepflegt wird. Auch Stall und Krippe haben dort ihr „Asyl“ gefunden, denn viele (evangelische!) Kirchen haben sie im Zuge der Aufklärung entfernt. Hier, im Angesicht der „Heiligen Familie“, liest und hört man jetzt das Weihnachtsevangelium und singt Lieder zur Weihnacht. Dieser Kulturwandel ist erheblich: Über Jahrhunderte hinweg waren es fast ausschließlich „Gotteshäuser“, in denen die Gläubigen Gott die Ehre gaben mit ihren geistlichen Liedern. Nun singen Menschen „privat“ – und ohne den Umweg über den Gottesdienst werden diese Lieder „populär“.

Aber was sind das für Lieder? Der Bezug auf die Weihnachtszeit ist offensichtlich. Auch die *religiöse Färbung* ist unüberhörbar. Aber sind es immer noch *geistliche* Lieder? Die Menschen dieser Zeit waren um eine tragfähige Antwort nicht verlegen: Lieder wie *„Alle Jahre wieder“*[37] *oder „Süßer die Glocken nie klingen“*[38] oder *„Maria durch ein Dornwald ging“*[39] richten sich zunächst und vor allem an das fromme Gefühl ihrer Adressaten. Diesen wichtigen Anspruch lösen sie ein – und genau deshalb werden sie von den Menschen wertgeschätzt.

Worin aber liegt in dieser Zeit die Bedeutung des *geistlichen Kirchenliedes*? Der Schlüssel zur Beantwortung dieser Frage liegt in der Romantik selbst. Ihr gelingt es, sehr unterschiedliche Liedtraditionen aufzunehmen und gleichberechtigt nebeneinander zu stellen.[40] Einträchtig stehen im Evangelischen Gesangbuch Choräle, Kinderlieder und Volkslieder beieinander. *„Ihr Kinderlein, kommet“* (EG 43)[41], *„O du fröhliche“* (EG 44)[42], *„Herbei, o ihr Gläub'gen“* (EG 45)[43] oder *„Stille Nacht, heilige Nacht“* (EG 46)[44] ein Spiegelbild dieser so produkiven Epoche, die mit ihrer Liedtradition geistliches und weltliches Lied, Kirche und Volk umfasst.

Auch die **„Moderne“**, das **20./21. Jahrhundert**, weiß um seine Wurzeln. Und sie ist realistisch genug, um zu wissen, dass etwas Neues, Anderes von ihr ausgehen wird. Aber was ist dieses Neue und Andere?

Es ist zunächst das Alte. Die Singebewegung des frühen 20. Jahrhunderts stellt sich bewusst in die Tradition der Romantik. Aber mit der Machtergreifung durch die Nationalsozialisten 1933 und der damit vollzogenen Gleichschaltung aller musikalischen Kreise ist diese kurze Episode beendet. Es ist das nun evangelische Bekenntnislied, das in den Gottesdiensten in der Zeit des „Kirchenkampfs“ den Menschen Hoffnung gibt – auch und gerade im Advent und Weihnachten. Lieder wie *„Tröstet, tröstet, spricht der Herr“* (EG 15)[45], *„Die Nacht ist vorgedrungen“* (EG 16)[46] und *„Du Kind, zu dieser heiligen Zeit“* (EG 50)[47] sind Zeugnisse der Selbstbehauptung des christlichen Glaubens in schwerer Zeit.

Der in seiner ganzen Breite sich vollziehende gesellschaftliche Neuanfang nach dem 2. Weltkrieg ist bemüht, an das anzuknüpfen, was den Menschen vor 1933 Halt und Sicherheit gab. Auch das klassische Weihnachtslied „aus der guten alten Zeit“ hilft den Menschen auf dem Weg der Selbstfindung. In diese traditionell geprägte Liedkultur mischen sich aber auch neue Töne. Die modernen geistlichen Kirchenlieder zur Weihnachtszeit können einerseits die Sprache und die Stimmung der Romantik aufnehmen – z.B. *„Wir sagen euch an den lieben Advent“* (EG 17)[48], auf der anderen Seite sind sie verhalten-ernst in ihrer Botschaft: *„Das Volk, das noch im Finstern wandelt“* (EG 20)[49], *„Als die Welt verloren“* (EG 53)[50] und *„Weil Gott in tiefster Nacht erschienen“* (EG 56).[51] Und immer mehr Lieder haben eine Brückenfunktion zwischen Alt und Jung: *„Uns wird erzählt von Jesus Christ“* (EG 57)[52] oder *„Stern über Bethlehem“* (EG 544)[53].

Ob diese modernen Lieder einmal zum weihnachtlichen „Klassiker“ werden, ist eine Frage, die allein nur die Zukunft beantworten kann. Jedenfalls sind etliche auf dem Weg, sich in die Herzen der Menschen hineinzusingen.

So soll diese Betrachtung mit einer optimistischen Feststellung enden: Das geistliche Kirchenlied im Allgemeinen bzw. das Advents- und Weihnachtslied im Besonderen ist zu seiner Zeit sowohl *modern* als auch *traditionell*. Das heißt: Jede Epoche ist in einer gewissen Weise *„vorläufig“*. Sie empfängt Impulse von dem, was war und legt zugleich die neue Saat für das, was noch kommt. Wie ein roter Faden zieht sich dieses evolutionäre Prinzip durch die Geschichte – auch durch die Liedgeschichte. Mittelalter, Reformationszeit, die Zeit der Auseinandersetzung um den rechten Glauben, die Romantik – das Eine kommt aus dem Anderen hervor.

Alle diese Lieder zur Weihnachtszeit – die geistlichen, die uns mit ihren Texten und Melodien erbauen, wie die weltlichen, die uns „unterhalten“ wollen – haben aber das gleiche Ziel: Sie wollen die Menschen erreichen und öffnen für das Geheimnis der Weihnacht. Also – warum hören wie nicht einfach zu und singen mit, was uns von Kindheit an so vertraut geworden ist?

Anmerkungen

1 Christa Reich, in: Gerhard Hahn und Jürgen Henkys (Hg.), Liederkunde zum Evangelischen Gesangbuch, Heft 5, Göttingen 2002, S. 12

2 Aber weil Tauler einen „eigenen Kopf“ hatte und nicht kirchenkonform war, kam er jahrhundertelang nicht als möglicher Autor für das Lied in Frage.

3 so aufgeschrieben von August Hoffmann von Fallersleben in seinem Buch „Geschichte des Deutschen Kirchenliedes, Breslau 1832, S. 152

4 vgl. Friedrich Haarhaus, Das große Buch der christlichen Volkslieder, Leipzig 2009, S. 263

5 Gerd Brandt spielt das Lied mit seiner Gruppe Laway als Saltarello (Sprungtanz) - siehe CD Laway, Winterleed. Ebenso auch Mike Oldfield (CD „In dulci jubilo“), 1975.

6 Hoffmann von Fallersleben spricht von der „macaronischen Poesie“ (s.o.).

7 zunächst ins Wittenberger Gesangbuch 1529, dann ins Babstche Gesangbuch 1545

8 siehe dazu Franz M.Böhme, Altdeutsches Liederbuch 2, Leipzig 1877, S. 633f

9 1623 wurde es im Kölner Gesangsbuch veröffentlicht.

10 Dieses Wort kommt auch statt der Schlussformel *ite missa est* in katholischen Messen und Andachten vor.

11 Das Chanson *Une petite feste* und taucht um 1599 in einer Pariser Liedersammlung auf.

12 Dietrich Bonhoeffer: Widerstand und Ergebung. Briefe und Aufzeichnungen aus der Haft, hg. von Eberhard Bethge, Gütersloh 198513, S. 26

13 Weihbischof Wolfgang Wieder, in: Liturgie und Licht - Eine Orientierungshilfe, Trier 2006 - siehe www.liturgie.de

14 Hanne Wever, Licht im sakralen Raum, Hildesheim 2006, S. 19

15 Der deutsche Text zu dem Osterlied steht im Schweizer Gesangbuch.

16 Mit seiner Theologie tritt Hey dem sogenannten „theologischen Rationalismus“ entgegen, den er Zeit seines Lebens bekämpft.

17 Siehe dazu Jan Ling, Doris Stockmann und Erich Stockmann, Volks- und Popularmusik im Geschichtsprozeß, in Doris Stockmann (Hg.) Volks- und Popularmusik in Europa, Wissenschaftliche Buchgesellschaft Darmstadt 1997, besonders S. 411 ff und 417 ff.

18 So ähnlich schildert Steffi Baltes in ihrem Buch „Unterwegs nach Weihnachten - Ein Begleiter für die Adventszeit“ neben vielen anderen plastischen Erzählungen die Szene. Marburg an der Lahn 2010, S. 60ff.

19 vor der Gregorianischen Kalenderreform

20 Gottfried Wolters spricht im Nachwort davon, dass das „weihnachtliche Singen“ in den letzten Jahrzehnten lebendigen Auftrieb erfahren hat - und schreibt den schönen Satz: „Das weihnachtliche Volkslied entzündet sich an der Kraft der Weihnachtsbotschaft und verkündet sie mit herzlicher Wärme und Zuneigung. Es vermischt dabei Kirchliches und Weltliches, trägt den Alltag mit an die Krippe und nimmt das Kind mit nach Hause. Getreulich gibts die Weihnachtsgeschichte wieder - aber es tut ein Stücklein seiner selbst hinzu, seiner Landschaft, seines Stammes, ja seiner Zeit.“ (S. 71)

21 so Henning Schröer in: Gerhard Hahn und Jürgen Henkys (Hg.), Liederkunde zum Evangelischen Gesangbuch, Heft 5, Göttingen 2002, S. 29.

22 Heinz Werner Zimmermann: „Neue Musik und neues Kirchenlied“. In: Musik und Kirche (1963), 54 ff.

23 Das Lied mit dem Namen „She“ aus dem Album „7 Years and 50 Days“ (2004) von dem deutschen Pop-Duo „Groove Coverage“ konnte sich in Deutschland und Österreich in den Top 20 der Hitparaden platzieren (es wurde auch als Single „ausgekoppelt“). Das Lied erzählt die Geschichte eines Mädchens (She), die zum Mond und den Sternen am Himmel singt und die niemand vergessen kann, so wunderschön und eindrücklich ist sie: „She is the heaven sent angel you met…“.

24 Hermann Kurzke, S. 7 (Vorwort), in: Hansjakob Becker u.a. (Hrsg.): Geistliches Wunderhorn. Große deutsche Kirchenlieder, München 2001

25 Quelle: „Der Tagesspiegel" vom 28.09.2014; http://www.tagesspiegel.de/politik/einzwischenrufum-weihnachtsgebaeck-gesetze-gegen-das-singen/10764472.html)

26 Grundlegend und ausführlich: Susan K. Roll: Artikel „Weihnachten/Weihnachtsfest/Weihnachts-predigt", in: Theologische Realenzyklopädie (TRE) Bd. 35, Berlin 2003 S. 453–468; Friedrich Kalb: Grundriss der Liturgik, München 19822, S. 69–74

27 Artikel „Weihnacht"; in: Jacob Grimm/Wilhelm Grimm: Deutsches Wörterbuch. Hirzel, Leipzig 1854 – 1960 (www.woerterbuchnetz.de).

28 Noch deutlicher in der 5. Strophe im Originaltext: Stille Nacht! Heilige Nacht! / Lange schon uns bedacht, / als der Herr vom Grimme befreyt, / in der Väter urgrauer Zeit / aller Welt Schonung verhieß! / Aller Welt Schonung verhieß!

29 Dagegen hat sich das adventliche „Es kommt ein Schiff, geladen" (EG 8) um 1450 wohl aus einem altdeutschen Marien-Wallfahrtslied entwickelt.

30 Nach den Anfangssilben des Liedes „Quem pastores laudavere"/„Die die Hirten lobeten sehre" (Evangelisches Gesangbuch 29).

31 Predigt zur Einweihung der Torgauer Schlosskapelle (1544), in: LD Bd. 8, S. 440 (WA Bd. 49, S. 588)

32 Hierzu Fritz Baltruweit/Jürgen Schönwitz: „Ich singe dir mit Herz und Mund". Evangelische Volkslieder von der Reformation bis heute, Hannover 2014

33 Entstanden im 11. Jahrhundert als kurze, einstrophige Pilgergesänge, die auf „Herr, erbarme dich" (griech. „Kyrie eleison" oder „Kyrieleis") enden, hatten Leisen den Weg in die Gottesdienste gefunden. Vor allem an den Festtagen antwortete die Gemeinde mit ihnen auf den Chorgesang der Kleriker.

34 So Luther in seiner Schrift „Von der Freiheit eines Christenmenschen" (1520).

35 Bezeichnend ist, dass das Lied in der Urfassung ohne jeden versöhnlichen Schluss endet. Die siebte Strophe ist nur in den evangelischen Gesangbüchern (ab 1631) belegt: „Da wollen wir all danken dir, unserm Erlöser, für und für; da wollen wir all loben dich zu aller Zeit und ewiglich."

36 Siehe hierzu auch „Ich singe dir mit Herz und Mund" (EG 324), „Befiehl du deine Wege" (EG 361) und „Geh aus, mein Herz, und suche Freud" (EG 503).

37 Text: Wilhelm Hey (1789–1854); Melodie: Friedrich Silcher (1789–1860)

38 Text: Friedrich Wilhelm Kritzinger (1816–1890); Melodie: Thüringisches Volkslied (vor 1826)

39 Text und Melodie: aus dem Eichsfeld mündlich überliefert (Mitte 19. Jahrhundert)

40 Nicht anders verfahren die Gebrüder Grimm mit ihrer Märchensammlung.

41 Text: Christoph von Schmid (1747–1800); Melodie: Wilhem Gottlieb Becker (1753–1813)

42 Text: Strophe 1 Johannes Daniel Falk (1768–1826); Strophe 2 - 3: Heinrich Holzschuher (1789–1847) ; Melodie: Sizilien vor 1788, bei Johann Gottfried Herder (1744–1803)

43 Text: Friedrich Heinrich Ranke (1798–1876); Melodie: John Francis Wade (1711–1786)

44 Text: Joseoh Mohr (1792–1848); Melodie: Franz Xaver Gruber (1787–1863)

45 Text: Waldemar Rode (1903–1960); Melodie: Hans Friedrich Micheelsen (1902–1973)

46 Text: Jochen Klepper (1903–1942); Melodie: Johannes Petzold (1912–1985)

47 Text: Jochen Klepper (1903–1942); Melodie: Volker Gwinner (1912–2004)

48 Text: Maria Ferschl (1895–1982); Melodie: Heinrich Rohr (1902–1997)

49 Text: Jürgen Henkys (*1929); Melodie: Frits Mehrtens (1922–1975)

50 Text: Gustav Kucz (1901–1963); Melodie: Polen vor 1853

51 Text und Melodie: Dieter Trautwein (1928–2002)

52 Text und Melodie: Kurt Rommel (1926–2011)

53 Text und Melodie: Alfred Hans Zoller (1928–2006)

Rechtehinweise

S. 8 3. Strophe: Johannes Theissing

S. 45 Osterlied: Fritz Gafner © Theologischer Verlag Zürich, Zürich

S. 67 „Engel haben Himmelslieder“ – von der CD 4476 „Hört zu, ihr lieben Leute“. Lieselotte Holzmeister © Fidula-Verlag Holzmeister GmbH, Boppard am Rhein. www.fidula.eu

S. 68 linker Text: Otto Abel © Verlag Merseburger, Kassel. www.merseburger.de

S. 68 rechter Text: Diethard Zils © Gustav Bosse Verlag, Kassel

S. 73 2.–9. Strophe: Maria Wolters © Möseler Verlag, Wolfenbüttel

S. 74 Paul Herrmann in: Deutsche Kriegsweihnacht. Musikbeilage. Hrsg. vom Hauptkulturamt der NSDAP in der Reichspropagandaleitung. Berlin o. J. [1941], S. 19.

S. 76 Friedrich Walz © Erlanger Verlag für Mission und Ökumene, Erlangen

S. 78 Alfred Hans Zoller © Gustav Bosse Verlag, Kassel

S. 81 Text: Fritz Baltruweit und Nora Steen, Melodie: Fritz Baltruweit © tvd-Verlag, Düsseldorf

Trotz sorgfältiger Recherche ist es nicht gelungen, alle Rechteinhaber ausfindig zu machen. Rechtsansprüche bleiben gewahrt. Für Hinweise sind wir dankbar. Die gewünschten Quellenangaben werden in folgenden Auflagen aufgenommen.

Das Buch

Texte:

Fritz Baltruweit (FB) | **Jürgen Schönwitz** (JS)

Die Lieder

Ach, bittrer Winter, wie bist du kalt (FB)
Es kommt ein Schiff geladen (FB)
In dulci jubilo (FB)
Joseph, lieber Joseph mein (FB)
Quempas-Singen: Den die Hirten lobeten sehre (FB)
Es ist ein Ros entsprungen (JS)
Vom Himmel hoch, da komm ich her (JS)
Als ich bei meinen Schafen wacht (FB)
Zu Bethlehem geboren (FB)
Macht hoch die Tür (JS)
Wie soll ich dich empfangen (JS)
Ich steh an deiner Krippen hier (JS)
Was soll das bedeuten? (FB)
Tochter Zion (JS)
Ihr Kinderlein kommet (JS)
Alle Jahre wieder (JS)
O du fröhliche (FB)
Stille Nacht (JS)
Lasst uns froh und munter sein (FB)
Maria durch ein Dornwald ging (FB)
Kommet, ihr Hirten (FB)
Lied der Weisen (FB)
Gloria in excelsis Deo (FB)
Santa Lucia (FB)
Es ist für uns eine Zeit angekommen (FB)
Seht, die gute Zeit ist nah (FB)
Stern über Bethlehem (FB)
Jeder Mensch braucht einen Engel (FB)

Nachlese (JS)

Die CD

*aus der CD „Fritz Baltruweit – Ich sing für dich“
**aus der CD „Fritz Baltruweit – Gott gab uns Atem – Lieder aus 5 Jahrzehnten“ – tvd-Verlag Düsseldorf 2011
jeweils mit freundlicher Genehmigung des tvd-Verlages

Aufnahme

Fritz Baltruweit	Gesang, Gitarre
Valentin Brand	Piano
Sebastian Brand	Bass, Gesang
Sebastian Frank	Cello, Keyboard, Percussion, Schlagzeug
Niko Kondschak	Percussion
Konstanze Kuß	Harfe, Tin-Whistle und andere Flöten
Anke Siebert	Akkordeon
Sonja Telgheder	Gesang

Neu-Einrichtung/Arrangement der Lieder: Fritz Baltruweit und Sebastian Frank
Aufnahme/Vorproduktion/Mastering: Sebastian Frank / Nightfly recording-Studio Hannover

Weiteres Arbeitsmaterial

Eine **Arbeitshilfe** zu geistlichen Volksliedern, v.a. zu dem Buch von Fritz Baltruweit und Jürgen Schönwitz „Ich singe Dir mit Herz und Mund – Evangelische Volkslieder von der Reformation bis heute“, eine **Notenausgabe** etc., finden Sie unter www.kirchliche-dienste.de/volkslieder.
Fragen (auch nach Noten): baltruweit@kirchliche-dienste.de.

Getreu dem Motto „Man muss dem Volk aufs Maul schauen“, waren viele Lieder Liebeslieder oder andere populäre Weisen, bevor sie zu Kirchenliedern umgedichtet wurden.
27 Lieder aus dem Evangelischen Gesangbuch sind in diesem Band versammelt. Die Entstehungsgeschichte und historischen Hintergründe jedes Liedes werden in unterhaltsamer Weise dargestellt, Frühfassungen oder alternative Versionen sind ebenfalls abgedruckt.

Fritz Baltruweit | Jürgen Schönwitz

„Ich singe Dir mit Herz und Mund“

Evangelische Volkslieder von der Reformation bis heute

Cartoons von Steffen Butz
Vorwort von Margot Käßmann

96 Seiten, gebunden, mit CD
ISBN 978-3-7859-1184-6

19,90 €